JN408817

강재연 수필집

그네에 앉아 기다리다

도서출판 디사랑

그네에 앉아 기다리다.

초판인쇄 2019년 2월 12일
초판발행 2019년 2월 15일

지은이 강재연

펴낸이 신성길
펴낸곳 도서출판 디시랑
주 소 서울시 동작구 사당로8길(상도동)
전 화 02)812-3694
등록번호 1999.5.24. 제17-287호

ISBN 978-89-97756-44-5 03810

값 10,000원

책을 펴내며

어릴 때 세상은 마음대로 뛰어놀 수 있는 놀이터였습니다. 대통령이 되었다가 과학자가 되기도 하고 여러 꿈을 하루 밤에 꾸기도 했습니다. 점차 꿈의 색깔이 옅어지며 꿈조차 꾸어지지 않을 때는 벌써 어른이 되어 있었습니다. 변변치 못한 운명만 탓하며 아무런 생각 없이 세파에 흔들리며 살았습니다.

나를 찾아 해매며 긴 시간을 보냈습니다. 2500년 전 소크라테스의 고뇌를 응어리로 안고 긴 터널을 건너다보니 시련은 내 삶을 격려하는 분신이었음을 깨달았습니다. 허허로움 속에서도 신춘문예 당선작을 읽으며 큰 즐거움과 위안을 얻었습니다.

글을 쓰기 시작했습니다. 실타래에서 실 풀듯 조금씩 갈증을 풀어냈습니다. 무거운 외투를 던져 버리고 가벼운 마음으로 세상을 보며 가슴을 열었습니다.

그리움이 맴도는 여울에서 꺼내보고 기대려하던 글들을 책으로 묶어 봅니다. 이미 여러 문예지나 동인지, 신문에 실렸던 글도 있고 현실 생각과는 다른 글도 있을 수 있습니다.

이 책이 삶의 갈림길에서 잠시 쉬어가는 그루터기가 될 수 있기를 바랍니다. 누군가 인생여로에 조금이나마 위로 받는다면 기쁘겠습니다.

문학은 인간의 이상으로 향한 무한한 노력과 동경이라고 합니다. 가도 가도 멀리 떨어져 있는 지평선을 만나러 맞닿아 있는 티 없이 맑은 하늘에 몸을 담습니다. 언제나 밝게 웃어주는 사여울 글벗들에게 감사 말씀 드립니다.

2019. 2. 중순 **강 재 연**

목 차

목 차

제1장 나와의 만남

겨울의 길목에서

금세 눈이 나풀거릴 것 같은 하늘에서 바람소리만 가슴을 헤집는다. 한동안 황금색 물결로 맘껏 자태를 뽐내던 은행나무 잎, 매미를 품어주던 널찍한 플라타너스 잎이 우수수 떨어져 뒹굴며 청소원의 넋두리를 보탠다. 푸르름이 사라진 황야는 아무래도 쓸쓸해 보인다. 앙상한 가지 끝에 매달린 이파리를 보며 오 · 헨리의 마지막 잎새를 떠올린다.

겨울은 사색의 계절이다. 지난 시간의 흔적들을 가슴깊이 낭만으로 되살려내는 시간이다.

어릴 적 서울 변두리는 시골 농촌 마을과 다름이 없었다. 집 앞 울타리 너머는 넓은 들판이었고 중간 밭 두렁길 따라 펼쳐진 미나리 논은 개구쟁이들의 신나는 놀이터였다. 삼태기로 미꾸라지를 잡아서 집에 가져가면 할머니가 옷을 버렸다고 야단을 치면서도 추어탕을 맛있게 끓여 주셨고, 무엇보다도 겨울철에는 썰매장으로 제격이었다. 널빤지에 굵은 철사 줄을 동여매어 만든 썰매도 자랑거리였지만 그 당시 귀하던 스케이트 날을 단 썰매는 부러움의 대상이었다. 얼음이 꺼진 물속에 빠져 덜덜 떨면서도 혼날까봐 집에 못 들어가고 모닥불을 피워 옷을 말렸다. 정월 대 보름날은 밑바닥에 구멍을 뚫은 깡통에 불을 피워 빙빙 돌리며 건너마을 또래들과 밀고 밀리며 석전을 벌였다. 연 날리기는 겨울철 놀이의 백미였다. 설 지난 한 동안은 방패연, 가오리연, 꼬리연등이 동네하늘을 장식하였다.

어느 날 밤, 세상은 온통 하얗게 덮여있고 그 위에 다시 솜털 같은 눈이 조용히 쌓여가고 있었다. “메밀묵 사려, 찹쌀 떡!” 적막을 깨고 멀리서부터 들려오는 애잔한 소리에 엄마를 졸라 기어코 목소리의 주인공을 집안으로 불러들였다. UN털모자에 눈이 수북한 채로 토끼털 귀마개와 벙어리장갑을 착용한 소년의 코끝이 빨갛게 상기 되어 있었다. 지금도 잊혀 지지 않는 그때의 메밀묵 맛과 소년의 모습. 날씨가 쌀쌀 할수록 더욱 군침을 돌게 하던 기찻길 옆 군고

구마와 호떡장사 리어카. 어릴 때는 추위도 꿈을 키우는 활력소였다.

모든 것이 변했다. 어릴 때 뛰어놀던 벌판이 신작로와 빌딩과 아파트 숲이 되고, 새벽에 올라가 얼음을 깨며 냉수마찰을 하던 노고산, 가끔 고라니와 여우가 달음박질 하던 그 곳이 지금은 대학교 뒤뜰이 된 것처럼 우리의 생활도 엄청나게 변했다. 집집마다 자가용이 있고 누구나 휴대전화를 지녔다. 거의 모든 업무는 인터넷으로 처리하는 편리한 세상이 되었다. 그럼에도 우리의 행복은 제자리걸음이다. 마음이 편하지가 않다. 빠르고 편리할수록 건조해지고 이기적이 되어간다. 문명 이기의 발달이 자연과의 대화를 점점 멀어지게 하기 때문인지도 모른다.

핸드폰 문자메시지 보다는 근하신년 엽서가 그립다. 밤새워 쓴 손 편지의 정다움을 어찌 이메일이 따라 올 것인가.

변한 것은 생활뿐이 아니다. 어느덧 다가와 등짐 지워진 인생의 겨울.

바람이 창문을 흔든다. 먼 곳 안개 속을 찾아 헤매던 염원의 안타까운 변신인지도 모른다. 창을 열어 심호흡을 하며 난로 불을 지핀다. 주어진 인연들과 부딪히는 갈등을 따스한 정의 물줄기로 감싸도록 불을 지핀다.

겨울은 잠자는 계절이 아니다. 겨울 철새들의 비상을 바라보며 삶의 의지를 키우는 계절이다. 잃어버린 꿈을 되살리는 계절이다.

겨울은 하늘에서 날아와 피어나는 눈꽃의 순백으로 더러워진 우리의 영혼을 깨끗하게 하는 계절이다.

홀로서기

온 몸이 가만히 있지를 않는다. 주먹은 계속 허공을 가르고 두 발은 잘 돌아가는 풍차처럼 세상을 걷어찬다. 새로 맞은 신비의 세계를 받아들이는 아기의 힘찬 몸짓을 아내가 미소로 감싸고 있다.

편한 세상이다. 미국에서 이메일로 보낸 손녀딸 동영상을 보며 홀로서기의 불편함에 그나마 위안을 받는다.

새 생명의 탄생은 하늘의 축복이요 삼신할머니가 점지해주는 광영이다.

결혼한 지 삼 년 만에 딸이 임신하자 아내는 바빠지기 시작했다. 인터넷 등으로 훨씬 더 많은 지식과 정보를 지닌

딸에게 공연스레 잔소리를 늘어놓았고, 도와준다고 가서는 말다툼하고 돌아와 다시는 참견 안 한다고 투덜대기 일쑤였다. 아내는 고집스레 남편 따라 미국에 간 딸이 그곳에서 자연 순산을 하자 한시름 놓으며 울먹였다. 다이어트를 한답시고 몸이 약해진 딸의 상태를 잘 알기에 걱정이 이만저만이 아니었나보다.

나도 강보에 쌓인 외손녀 사진을 보며 여태껏 거부해 왔던 할아버지라는 대명사를 기꺼이 인정하고야 말았다. 장남, 장녀이기에 양가의 기쁨은 클 수밖에 없어 사돈 내외와 조촐한 식사자리까지 만들었다.

세상일이란 늘 그렇듯이 즐거움의 뒤안길에는 어려움이 따르게 마련이다. 축하 전화를 한 지 삼 개월이 채 지나지 않아서 아내가 불쑥 미국에 다녀오겠다고 한다. 딸이 산후조리에 아기 돌보기, 남편 뒷바라지까지를 견뎌내지 못하고 도와줄 것을 부탁한 모양이다. 결혼한 지 삼십 년을 넘기도록 우리 부부는 10일 이상 떨어져 본 적이 없다. 나 홀로 집에 남겨진 적은 단 사흘도 없었기에 더더욱 난감하였다. 아내는 이런 남편 기분을 육개장 한 솥으로 때웠다. 당신도 다른 집 남편처럼 음식을 만들어 볼 좋은 기회라며 얼렁뚱땅 눙치고는 훌쩍 떠나 버렸다. 축복의 아기가 외할아버지에게 홀로서기의 시련을 던져 준 셈이다.

처음 며칠은 편했다. TV보느라 늦게 자도 내 맘이고 양말을 아무렇게나 던져도 그만이며 하루쯤 발을 안 씻어도 좋았다. 웬 걸 한 달이 지나면서부터는 슬그머니 밥 해먹고 설거지 하는 일이 귀찮아지기 시작했다. 아내가 만들어놓았던 육개장이며 밑반찬이 다 떨어지고 얼려놓았던 육수도 바닥이 났다. 왜 내가 만든 멸치국물로 끓인 된장찌개는 아내가 얼려 놓은 육수로 끓인 된장찌개보다 맛이 덜 할까….

냉장고에서 마른 오징어 한 마리를 꺼내서 물에 담갔다. 불리는 동안 도마에 대파와 고추를 잘게 썰어 놓는다. 마늘과 양파도 껍질을 벗겨 썰었다. 프라이팬에 기름을 살짝 발라 가스 불에 올려놓는다. 물에 불린 오징어를 가위로 잘라서 준비된 양념들과 같이 넣고는 진간장으로 자작자작하게 적셨다. 멸치도 깨끗이 씻어서 함께 넣고 타지 않도록 숟가락으로 저었다.

어릴 때는 오징어 멸치 볶음이 최상의 도시락 반찬이었다. 다른 친구들이 너도나도 한 젓가락씩 뺏어먹어 정작 싸온 아이는 풋고추와 멸치 몇 점만 건지기 일쑤였다. 그렇게 추억어린 입맛을 되 살려보려고 몸소 요리를 해보는 것이다.

처음 요리해본 오징어 멸치 볶음 맛을 본다. 아니 이렇게 짤 수가! 해수욕장에서 엉겁결에 들이킨 바닷물보다도 훨씬 더 짜다 못해 쓰다. 급히 물을 붓고 설탕을 타서 다시 볶아보지만 이미 간이 배어버려 제 맛이 안 난다.

점차 아내의 잔소리가 그리워지기 시작한다. 기러기 아빠의 외로움이 내 일이 되다보니 창밖의 달빛이 시리도록 차다.

서정윤은 〈홀로서기〉시에서 '누군가를 열심히 갈구해도 아무도 나의 가슴을 채워줄 수 없고 결국은 홀로 살아간다는 걸 한겨울의 눈발처럼 만났을 때 나는 또다시 쓰러져 있었다.'고 읊었다.

인생은 어차피 원초적 외로움과 허전한 아픔을 스스로 이겨내는 과정의 홀로서기인지도 모른다. 이미 인연된 자연, 사람, 모든 사물 속에서 제자리를 찾으려는 안간힘이 홀로서기인 것이다.

음식이 맛을 내려면 각종의 재료와 조미료가 적당히 배합되어 역할을 해야 되듯이 인생도 사랑과 배려와 기다림과 눈물이 적당히 혼합되어야 참 맛이 나지 않을까.

훗날 어린 외손녀를 무릎에 앉히고 다정하게 말 해줄 것이다. '혼자 있을 때는 꽃밭의 아름다운 꽃들과 나풀대는 나비를 보아라. 그러면 세상에는 너를 위한 행복이 가득 차게 된다.'라고.

외손녀가 그 뜻을 음미할 때면 외할아버지는 진정한 홀로서기를 하였을지도 모른다.

아내에게 국제전화를 걸어야겠다. 여보! 언제와?

마음의 눈

오른쪽 눈이 아파서 병원에 다닌 지 몇 년 되었다. 오래 전에 백내장 수술한 눈의 홍체에 염증이 생겨 무척이나 성가시다. 수술한 후로는 두 눈의 초점거리가 안 맞고 영상의 맺히는 위치가 달라 신경을 쓰며 이 십 여년을 지내왔는데 다시 염증이 괴롭히는 것이다.

얼마 전에 차라리 오른쪽 눈이 안 보였으면 좋겠다고 의사에게 푸념을 하다가 작은 불빛만이라도 보기를 원하는 사람들이 얼마나 많은 줄 아느냐며 심한 꾸중을 들었다. 어쩔 수 없이 돋보기 겸용 안경 처방을 받아왔다.

안경을 사용하기 시작하자 이 물건이 오히려 나를 구속

하며 번거롭게 만든다. 항상 몸에 지니고 다녀야 하니 호주머니에 넣으면 두툼해서 불편하고 줄을 매어 목에 걸자니 왠지 어색하다. 집안에서도 늘 찾느라 헤매고 허둥댄다. 어쩌다 집에 두고 나오면 불안하기 짝이 없다. 은행이나 공공기관의 서류를 읽어야 하거나 낯선 곳을 찾아 간판이나 표지판을 보려면 난감하다. 안경 없이는 손톱, 발톱도 깍지 못하고 식사 때 생선 가시도 발라내기 힘들다.

어느새 머리에 서리가 내리고 추억의 실마리가 가물가물해지는 긴 세월이 흘렀다. 안경은 세월이 내 옆에 살며시 놓고 간 선물이다. 그러니 불평하면서도 친 할 수밖에 없다. 콧잔등에 올려놓았다가 그 무게 때문에 벗어 놓고 차 한 잔 마신 후 다시 찾는다. TV를 보거나 신문을 볼 때도 안경은 하나의 분신이 되어간다.

나이가 들어 시간이 많아지자 그동안 멀리 해왔던 책장 안을 들여다보게 된다. 젊었을 때는 직업이나 처세에 관한 책, 인기 있는 베스트셀러만을 읽었다. 수박 겉핥기식으로 요점만 추려 읽는 경우도 많았다.

안경을 쓰고 보니 예전처럼 책을 오래 붙들지는 못해도 젊었을 때의 감상과는 다른 느낌을 받는다. 보는 눈은 어두

워졌으나 글의 속을 들여다보며 음미하는 눈은 더 밝아졌다.

책장에서 홀대받던 책, 구석에 꽂혀 눈에 잘 띄지 않던 낡은 책도 하나둘 뽑아 든다. 중 고등학교 시절 읽었던 이효석, 김유정의 단편소설을 다시 읽으며 당시의 시대상을 떠올리고 작가의 사상에 몰입해 본다.

청나라의 문인 장조는 '소년의 독서는 틈새로 달을 엿보는 것과 같고 중년의 독서는 뜰 가운데서 달을 바라보는 것이며 노년의 독서는 누대 위에서 달을 구경하며 즐기는 것과 같다.'고 했다.

숨차게 달려온 어제까지와는 달리 한 숨 돌리며 황금 들판에 서서 시원한 바람에 옷깃을 여민다. 무언가에 쫓기거나 매달리지 않아도 된다고 생각하니 이제야 관조의 계절에 들어선 느낌이다.

달을 즐기려면 마음의 눈으로 보아야 한다. 새들은 뼛속이 비어 있어 하늘을 날고 비행기도 듀랄루민이라는 가벼운 금속으로 만든다. 배낭이 가벼우면 더 빨리 등산을 할 수 있듯이 가벼운 마음의 눈으로 세상을 보아야 더 넓고 높은 관조의 세계가 열린다. 마음의 눈으로는 자연의 섭리를 볼 수 있는 것이다.

한 밤중 소리 없이 쌓인 처녀지 눈밭을 밟으며 깨질 듯 팽팽한 하늘 가운데 떠있는 반달을 바라본다. 세상에서 가장 아름다운 소리 '당신을 사랑 합니다.'고 힘껏 외친다.

새 해를 맞으며

날이 밝아온다. 거실 창 너머 어스름이 펼쳐진 남한산성 위로 붉은 빛을 머금는 듯싶더니 태양이 거침없이 솟아오른다. 경인년 첫 아침은 백호가 포효하듯 힘차게 다가왔다. 두 손을 합장하며 새날의 빛줄기가 집안 구석구석을 환하게 비춰주기를 간구한다. 어제와 다름없는 태양이지만 오늘의 햇살은 사뭇 반짝거린다.

일간지에 게재된 신춘문예 당선작들을 읽어본다. 젊은 시절부터 신춘문예 작품을 읽으면 이상스러울 정도로 가슴이 뛰었다. 특히 단편소설에서는 구성의 치밀성이나 치장된 의미, 선택된 언어를 음미하는 희열이 느껴지곤 했다.

심사평과 당선자의 소감을 놓치지 않고 읽으며 그들의 순수성과 감성의 원류를 찾아 공감해보려고 했다. 그 습관이 돋보기를 쓰는 지금까지도 변하지 않고 있으니 아직도 내 밑바닥에는 미련한 열망이 꿈틀대고 있나보다.

당선자의 소감을 읽는다. 그는 손끝에 피가 맺히도록 봉투를 붙이며 고생한 엄마에게 기쁨을 드린다고 했다. 우리의 부모들이 겪은 지난한 고생은 먼 옛날 전설의 이야기가 아니다. 지금도 주변의 한 귀퉁이에서 일어나고 있는 현실적 이야기이기도 하다. 작가는 엄마를 통하여 삶의 치열함을 배웠고 그도 그만큼 노력하였음을 말하려고 했을 것이다.

갑자기 뭉클한 기운이 번개처럼 온 몸을 휘감아 지나간다. 가시나무새의 울음이 세상에 존재함을 잊고 있었기 때문이다. 나에게도 온 몸을 불태우며 헌신하려 했던 적이 있었던가! 이웃은 물론 내 자신이나 가족을 위해서도 촛불처럼 타들어 가려 한 때가 있었는지 기억을 더듬어본다. 안락과 태만에 안주하며 살아온 내 인생에서 이타적 희생은 먼 하늘의 별이었던 것 같다.

연말이 되면 봉사와 사랑의 미담이 훈훈하게 펼쳐지며

기사화 된다.

충남 서산의 어느 독거마을에 수년 전부터 연말이 되면 어김없이 천일염 한 포대가 놓여졌다. 주인공은 초등학교 6학년 때 해변에서 주은 대인지뢰에 두 손을 잃은 1급 장애인 소금장수다. 그는 정부에서 주는 기초 생활 수급비와 장애인 수당을 사양하였을 뿐 아니라 지난해에도 연간 수익 천 팔백만원 중 사백만원을 불우이웃 돕기에 기부하였다고 한다.

미담의 주인공들은 고난의 삶을 살며 외로움을 이겨낸 사람들이 대부분이다. 지식인들은 너무 많이 알고 더 많이 알고자 집착하는 나머지 스스로를 복잡한 체계 속에 가두어버리며 수동적이 된다고 한다. 그렇기 때문에 조직체계에서 벗어난 인간 본래의 행동을 낯설게 여긴다. 비록 배움은 덜하더라도 생활 속에서 삶의 의미를 깨달은 사람들이 더 훈훈함은 어쩌면 당연할지도 모른다.

나이가 들어갈수록 눈물이 많아지나 보다. 드라마를 보면서 주책없이 나오는 눈물 때문에 아내나 자식 눈치를 보기도 한다. 고난을 극복하여 인간승리를 이루어 낸 사람들의 말에는 더욱 울컥하며 감동한다. 성취자들을 바라보며

본인의 자취를 반추하고 회상에 젖는 것이다.

눈물이 많아지는데도 배려나 양보심은 반비례로 스러지는 것 같으니 이상한 일이다. 지하철에서 특권인양 줄서기를 안하는 노인들이 안쓰러워 보인다. 우리나라 의사상자(義死傷者)의 칠할 이상이 마흔 살 미만이라는 통계를 보더라도 나이가 들어 육체가 약해지면 정작 자신은 소심해지고 주변에 무관심해지는 것 같다. 세월은 점차 감정을 격하게 만들면서 자신감이나 열정은 메마르게 한다.

미국의 윌리암 새들러 박사는 은퇴 후 세대를 핫에이지(hotage)로 부르며 향후 삼십년을 6R의 세월이라고 말한다. 육체의 부활(renewal), 원기회복(revitalization), 영적재생(regeneration), 자아의 재발견(rediscovery), 회춘(rejuvenation), 방향수정(redirection)으로 열정적인 삶을 권고 한다.

TV에서 기존의 지배자인 사자를 물리치고 왕좌자리를 탈취하는 백호의 용맹스러운 모습이 방영되었다. 빼앗겼던 자리를 되찾은 것이다.

은퇴자 뿐 아니라 모든 사람들이 백호의 용맹으로 뜨거운 삶을 사는 새 해가 되기를 빈다.

단편소설의 구성처럼 인생의 대단원을 향하여 탄탄하게 토대를 쌓아 가기를 바란다. 사랑과 배려가 아침 햇살처럼 온 누리에 넘쳐흐르는 세상으로의 반전은 꿈이 아닐 것이다.

어차피 놓을 것을

할부지 꽃, 꽃! 외마디 소리에 안방 베란다로 달려갔다. 이제 막 이십 개월 접어든 손자가 어느 틈에 문을 열고 나간 모양이다. 앙증맞은 손가락으로 가리키는 곳에 정말 팥알처럼 작고 붉은 꽃망울이 터져 있다. 지난겨울에 말라 죽은 줄 알았던 화초의 넝쿨 줄기에서 새 싹이 돋아 꽃을 피웠다. 창문을 열고 아직은 싸늘한 화초들의 봄기운을 마시는데 전화벨이 울린다.

외사촌형님이 인자한 미소로 맞으신다. 생전 모습 그대로 온화한 부처님 같은 얼굴이다. 아들과 딸, 손자 손녀가 나란히 서서 문상객을 맞는다. 집안 맏형이신 고인은 늦둥이 막내외삼촌과 동갑내기다. 고부가 한집 살림을 하면서 앞서거니 뒤서거니 출산을 하였으니 서로 많이 민망했으리라.

형님은 귀가 잘 안 들려서인지 행동이나 말이 좀 어눌하고 성격이 우직했다. 산후조리가 안 좋은 할머니 때문에 젖을 삼촌에게 양보 당했고 귀에 이상이 있는 것도 늦게야 알게 되어 치료시기를 놓쳤다고 한다. 그렇지만 늘 웃는 얼굴이었고 화를 내거나 약삭빠르게 계산하는 모습을 본 적이 없다. 막걸리 한 잔에 너털웃음으로 호기를 부리지만 실상 세파를 이겨내기에 버거운 분이라는 생각을 떨칠 수 없었다. 평생 물색없는 호인 소리를 들으면서 슬하에 일남일녀 자녀를 두고 밑으로 다섯 형제를 화목하게 이끌다가 편안하게 영면하셨다.

장례를 치르면서 문득 이제는 내 차례가 오는구나 하는 생각이 실감 있게 다가왔다. 물론 먼저 보낸 형제들이나 연하의 사람들도 있었지만 그때는 사고나 지병이 원인이어선지 구체적으로 죽음에 대하여 생각해 본 적이 없었다. '인생이 아무것도 아니야. 무엇을 했는지 모르는데 한순간에 지나가. 나이가 드니 그걸 느낄 수 있어.' 독백처럼 흘리던 어느 선배의 말이 새삼 가슴에 와 닿는다.

동서고금의 성인 현자들이 나름대로의 의미를 담아 인생을 말해왔지만 결국 죽음의 한계성을 인식한 공허한 메아리인지도 모른다.

꽃이 피었다가 시들어 사라지듯 우리의 삶도 순리에 따라 자연으로 돌아간다. 밤하늘의 별똥별처럼 인간으로서 얽힌 모든 인연이나 재물은 어차피 한 순간의 반짝임으로 스러질 것이다.

거실로 나가서 유리창 너머 야경을 본다. 간간이 여명을 질주하는 차들의 생동감을 멍하니 바라보다 침대로 돌아온다. 잠 못 이루는 사람이 어찌 혼자뿐이랴, 이 시각 많은 사람들이 내일에 대한 걱정으로 밤을 지새우고 있을 것이다. 삶의 터전도 행복의 기틀도 못 이루어 고민하며 마음의 평화를 잃은 사람들에게 긴 밤은 또 다른 고행인 것이다. 속을 끓이고 건강까지 해치면서 고민을 한다고 해결될 일이 얼마나 될까. 때가 돼야 열매가 익고 어우러져야 아름다운 것을…….

열자의 책에 우공이산(愚公移山)이라는 고사가 있다. 우공이 다니기 불편하다고 앞산을 다른 곳으로 옮긴다고 하여 생겨난 우화다. 어리석은 행위에 대한 교훈으로 널리 쓰인다. 하지만 당시 이웃들의 비웃음에 우공은 '왜 안 된다고 하는가, 내가 못하면 내 아들이 계속하고 또 못하면 손자들이 할 것이며 언젠가는 이룰 수 있을 것이다.' 라고 항변 했다고 한다. 살아가는 데는 느긋함과 끈기와 용기가 있어야 됨을 말한 것이다.

돌이켜 보면 맏형님은 세상 이치를 일찍이 터득하여 스스로를 맞추며 살다간 분이다. 누구보다도 삶을 사랑하고 감사하며 살았던 현명한 분인 것이다. 훌륭한 요리사는 주어진 재료로 정성을 다 할뿐 없는 양념에 미련을 두지 않는다. 인생이 국을 끓이듯 모자라는 것을 더 넣고 남는 것을 덜어내는 요리라면 자기만의 재료와 방법을 찾아내야 할 것이다.

이제 만물이 소생하는 봄이다. 생로병사(生老病死)의 순환 법칙은 어김이 없다. 모든 사물은 변하고 모든 재물이 내 것이 아님도 만고의 진리다.

'할부지, 응가!' 손자가 도움을 청하며 어기적어기적 서재로 들어선다. 이 세상에 남기는 확실한 흔적이다. 다시 이어진 나의 봄을 기꺼이 껴안는다.

강변을 거닐며

강바람이 얼굴을 스치며 심신을 가뿐하게 한다. 삼복더위의 위세에 온 천지가 녹아내리더니 벌써 가을이 문턱을 넘어 선 듯 바람이 제법 서늘하다. 칸나와 해바라기, 코스모스 꽃들이 어울린 한갓진 산책길을 인라인스케이트를 탄 젊은이들이 씽씽 달린다. 쭉쭉 뻗는 종아리들의 싱싱함이 어스름한 가로등 불빛에 반짝인다.

어느새 남성의 갱년기가 시작된 것일까. 과체중을 주체 못해 동네에서 지척인 한강변 길을 매일 걷기로 작정했다. 이끼 낀 세월의 틀을 대자연의 품에 던지기로 한 것이다.

공자(孔子)는 일찍이 마흔에 불혹(不惑), 쉰 살에 지천명

(知天命), 예순 살에는 이순(耳順)임을 알았다고 한다. 어떠한 소리를 들어도 동요가 없도록 귀를 씻는 마음가짐은 어떤 것일까?

미운소리 우는소리 군소리 불평일랑 하지 않고 알고도 모르는 척 하는 편안함이요, 적당히 져주며 한걸음 물러서는 지혜로움이 아닐까. 내 앞으로 끼어드는 차를 느긋하게 기다려 주고, 친구를 배웅할 때 얼른 뒤 돌아서지 않는 여유로움도 한 갑자(甲子)를 살아온 세월의 덕목(德目)이리라.

그렇지만 나에게는 수천 년 전 성인(聖人)의 깨우침이 한갓 공염불(空念佛)인 듯싶다. 마음은 예나 다름없이 설레는데 의욕은 육신의 퇴화 속에 용해되며 망상(妄想)이 오히려 기를 펴고 있으니 말이다.

모순된 가치 판단의 현실과 시대의 혼탁함 또한 벗어버릴 수 없는 짐인 것임을 애써 부인해 본들 무슨 소용일까.

살아갈수록 조여 오는 생존의 버거운 그림자가 피할 수 없는 삶의 십자가인 것을…

어떤 사람이 죄를 짓고 도망을 쳤다. 숨을 곳을 찾다가 오래된 우물에 드리워진 등덩굴을 타고 내려간다. 밑을 보니 독사가 혀를 날름거리고 있고 설상가상(雪上加霜)으로 흰쥐와 검은 쥐 두 마리가 나타나 겨우 매달려 있는 넝쿨을 갉아 댄다. 이렇듯 절대절명(絕代絕命)의 순간에 어디선가 꿀이 한 방울 두 방울 떨어지자 위험한 처지도 잊고 받아먹으려 한다. 불경에 나오는 인생의 고독과 고통, 욕락(欲樂)의 무모함을 비유한 이야기이다.

불교에서는 이러한 고해(苦海)에서 벗어나는 방편으로 꿈을 깨라고 한다. 즉 해탈(解脫)이다. 어지럽게 떠도는 이런 저런 생각을 멈춘 상태에서 자기 내면을 들여다보면 누구나 본심을 깨달을 수 있다는 것이며, 이러한 지관수행(止觀修行)으로 욕심에 따라 반복되는 윤회(輪廻)에서 조차 벗어나는 것이 해탈이라고 한다.

공자는 배움과 경험에 의해서, 석가는 참선 고행으로 스스로를 깨닫고 다스려야 함을 일깨워 주고 있다. 그러나 참나를 안다는 것이 그리 쉬운 일이던가. 고금을 통하여 수많은 선인(仙人), 철학자들이 수행하고 고민해도 여전히 불가사의(不可思議)한 명제인 것을.

범속한 중생(衆生)들에게는 오히려 골치 아픈 화두(話頭)일 것이다.

강변길은 스스로를 사랑하는 사람들로 활력이 넘친다. 앞서거니 뒤서거니 열심히 걷는 모녀, 조깅하는 부부, 자전거를 타는 부자, 벤치에 앉은 다정한 연인. 흥겨운 음악에 맞춰 단체로 사교춤을 배우는 부녀자들, 이들의 눈망울에 별이 빛난다. 모두가 지금 이 시각에 충실하고 만족하는 사람들이다.

축축한 등허리 땀을 식히며 천천히 스트레칭 체조를 하다 보니 점차 멍울진 마음이 풀어진다.

널따란 둔치에 세워진 야외 영화관의 대형 스크린에서는 젊은 연인이 팔짱을 끼고 녹음 진 오솔길을 걷고 있다. 대화는 들을 수 없지만 틀림없이 사랑의 밀어를 나누고 있을 거다.

강가에 무던히 자라있는 갈대숲, 싱그러운 들꽃, 정성어린 꽃밭과 시설물, 그리고 하루를 아름답게 마감하려는 사람들이 한데 어우러진 산책길을 껴안은 채 강물은 무심히 흘러간다. 멀리 동호대교의 불빛을 머금으며.

텃밭

텃밭 하면 먼저 떠오르는 생각은 삶이 묻어나는 정겨움이다. 뜰이라고 하면 어릴 적 개구쟁이들의 비밀스러운 놀이터가 떠오르고 정원이라고 하면 잘 가꾸어진 잔디밭과 꽃나무가 연상되지만 텃밭은 약간은 거칠면서도 애잔한 생활이 묻어있는 공간이 연상된다.

집터에 딸린 작은 여분의 밭, 텃밭은 남자들의 노동보다는 여인들의 정성과 땀이 베인 곳이다. 땀 흘리며 돌아오는 식구들의 부식이나 간식거리를 위하여 주로 할머니나 엄마가 짬을 내어 김을 매고 가꾸는 마당인 것이다.

텃밭 작물은 생계수단이 아니다. 앞마당 작은 면적에 채

송화 봉선화 나팔꽃 달리아 국화가 서로 몸을 비벼 의지하며 꽃밭을 이루듯 텃밭에는 올망졸망 배추 무 상추를 심은 골 따라 고추가 열리고 사이사이 옥수수가 큰 키를 자랑하며 호박넝쿨이 이랑 따라 균형을 이룬다.

텃밭은 계절 따라 순전히 터 주인에게 먹거리를 제공하는 장소다. 그곳에서 자라는 온갖 푸성귀는 식구들이 둘러앉은 밥상머리에 올라와 가족을 끈끈하게 이어주는 삶의 활력소가 된다.

텃밭에서 갓 따온 풋고추를 된장에 찍어 상추쌈 먹던 그 맛을 어찌 잊어버릴 수 있을까. 금방 따다 삶아낸 김이 모락모락 나는 옥수수를 한입 베어 먹으면 익어가는 여름의 뙤약볕도 쉬이 넘길 수 있는 것이다.

새로 이사한 주택에는 공터가 있다. 울타리로 막은 마당의 공간이 아니라 옆집과의 사이에 육칠 평 정도의 땅이 숨을 터주듯 자리 잡고 있다. 처음 이사해서는 이런 저런 상황을 파악 할 겨를이 없었다. 잡초가 무성하고 밑동 지름이 한 뼘이나 되는 나무가 생뚱맞게 서 있는 불모지 같은 빈터를 그저 내 땅이려니 무심하게 쳐다만 보았다. 늦은 가을, 키가 지붕에 닫는 나무를 베었다. 집터에 큰 나무가 있으면 재수가 없고 뿌리가 벽 밑을 파고들어 틈이 생긴다는 이웃집 소리에 무심할 수 없어서였다. 그리고 영산홍 몇 그루를 심고 메밀 씨를 뿌렸다. 멋대로 자라나는 잡초도 뽑았다.

국민소득이 높아지고 도시화가 두드러지면서 집 터 빈공간은 정원이나 주차장이 되어 내 기억 속의 텃밭은 시골에서나 간간이 볼 수 있게 되었다. 텃밭에서 자급자족하던 채소와 곡물들은 동네 슈퍼나 마트에서 언제든지 구할 수 있게 되니 사실상 텃밭으로서의 가치가 줄어든 때문이다.

그래도 교외 주말농장을 찾는 사람이 많다. 도시의 답답함에서 벗어나서 고향의 텃밭에서 이루어 내던 정겨운 추억과 맛을 재현하고 싶은 심리일 것이다. 텃밭은 시대의 효용성에 따라 사라져 가지만 이악스럽지 않던 시절 그리움으로 남아 있는 것이다.

입소문이 난 음식점 대부분은 고유한 우리의 맛을 보존하여 소박하던 지난날에 대한 추억을 되살리는 집들이다. 그들 텃밭에서 직접 가꾼 채소를 재료로 음식을 만드는 집은 더 믿음직하고 정겹다.

텃밭은 단순히 부식거리를 제공하는 장소로서만이 아니라 삶의 체취가 묻어나는 곳이다.

텃밭에 쌓인 눈이 벌판의 황량함과는 달리 아늑한 까닭은 포근하게 감싸주는 여인들의 숨결이 스며든 삶의 현장이기 때문이다.

제법 햇살이 따가운 어느 날 활짝 핀 들꽃들을 제치며 잡풀들을 뽑아내는데 가시가 매섭게 찌른다. 자세히 보니 대추나무다. 베어버린 대추나무 뿌리에서 새 싹을 낸 것이다. 당신이 저버린 텃밭을 잘 지켜달라는 호소인지도 모른다.

살아오면서 많은 시행착오를 겪어왔다. 천성이 게으르고 의지가 약해서인지 삶의 목표 달성에 번번이 실패한 거 같다. 지향 점을 찾지 못하고 그럴듯한 꿈도 꾸어보지 못 한 채 세파에 떠밀리어 그냥 온 것이다.

당초 주차장 용도였던 땅이 왜 제구실을 못하고 공터로 있는지 알지 못한다. 아직도 내 인생의 용도가 무엇인지, 올바른 구실을 하는지도 모르는 나에게 어떤 사람은 그만하면 무난한 삶이라고 말한다.

대추나무가 상당히 자라서 금년에는 꽃이 피었다. 그런데 꽃이 떨어져도 열매가 안 열린다. 아마도 더 정성을 받은 내년쯤에는 열리리라 생각한다. 열리지도 않은 대추 맛이 달기를 기대하며 나는 텃밭에 심을 씨앗을 생각한다.

한 밤에 울리는 소리

문득 눈이 떠졌다. 베란다 너머 창밖이 아직 회색빛이다. 새벽 4시도 안된 어둠이 세상을 잠재우는 이 시각 왜 눈이 떠졌을까. 다시 이불 속으로 파고들어 잠을 청한다.

계단을 밟는 소리가 잠시 울리다가 멈춘다. 이층 누가 이 새벽에 들어오나 보다. 직장에서 밤샘을 했거나 아니면 술자리로 늦었겠지. 젊은이의 열정이 부럽다.

긴장을 풀며 잠을 청하는데 정신은 더 말똥말똥해진다. 선잠을 깼으니 다시 잠을 이루기는 글렀다. 가만히 거실로 나가 조명등을 켜고 소파 한 구석에서 책을 읽는다.

거실 마루가 삐걱 삐걱 소리를 낸다.

도둑고양이처럼 조심스럽게 밟는 발자국 소리가 난다. 이 소리를 처음 들은 것은 개인주택으로 이사 온 해 겨울이었다. 처음에는 무슨 소리 인줄 몰랐다. 잠결에 들으면서 도둑으로 직감하고 순간 당황했었다. 112에 신고하려니 전화소리에 도둑이 방문을 열고 달려들 것 같았다. 기침을 하면서 인기척을 내볼까 아니면 그냥 자는 척 할까 다듬이 방망이 치듯 가슴이 뛰었다. 무슨 소리 인줄 깨닫기까지 시간은 멈춘 것처럼 더디 흘렀다. 자동 난방 온도차로 생기는 마루 틈새의 이완현상 소리에 놀란 것이다. 아파트에 살 때는 한 번도 못 듣던 귀에 거슬리는 소리다.

한 밤에 울리는 소리는 괜스레 불안할 때가 많다. 사각사각 벌레 움직이는 소리에 신경 쓰이고 한밤중 느닷없이 울리는 전화벨 소리는 선뜻 받기가 망설여질 만큼 예민해진다. 집 앞 놀이터에서 뛰어노는 아이들의 귀여운 소리도 밤에 들으면 짜증난다.

오늘 밤은 유난히도 거실의 여러 소리가 신경을 자극한다.

벽시계 초침소리도 또렷하게 들린다. 이사 오면서 바꾼 디자인이 단조로우면서도 예쁜 시계인데 시각 소리가 좀 커서 흠이다.

십년 넘은 냉장고 돌아가는 소리도 초침 소리와 경쟁적으로 박자를 맞춘다. 기계도 오래되면 흠집이 생기고 기능이 약해져서 늙은이처럼 주름살이 생기고 호흡이 거칠어진다. 아무리 좋아도 기능을 다하면 폐기 처분 되며 곧 잊어지는 물건들이다.

억지 잠을 청하러 다시 침실로 들어간다. 창문으로 비쳐오는 여명에 노출된 아내의 웅크린 채 잠든 옆모습이 낯설게 느껴진다. 이 사람이 사십년 넘게 함께 살아온 여인인가.

조병화님은

'깊이 사귀지 마세/ 작별이 잦은 우리들의 생애/ 가벼운 정도로 사귀세/ 악수가 서로 짐이 되면/ 작별을 하세-중략- 내가 너를 생각하는 깊이를 보일 수 없기 때문에/ 내가 나를 생각하는 깊이를 보일 수 없기 때문에/ 작별이 올 때 후회하지 않을 정도로 사귀세'

라고 사람과 사람의 이별하는 괴로움을 '공존의 이유'로 읊으셨다.

사람도 기능을 다하면 잊히는 것인가.

배움을 익히고 가정을 꾸려나가며 왕성하게 활동하는 청년기, 열매를 수확하고 갈무리를 하면서 남에게 의탁해야 하는 노년기, 후세의 평가와 영혼을 생각하는 사후기의 각 시기마다 역할이 있다.

앞길에 불쑥 어떤 일이 나타날지도 모른 채 정한 길을 가는 것. 망설이다 잘못 들어가기도 하며 때로는 멀리 돌아와 다시 찾아 가기도 하는 길. 그래도 자기만의 발자취를 남기며 가야하는 삶이 인생이다.

우연과 본연의 점과 점이 실타래 같이 연결된 인생. 홀로 헤쳐가면서 외로움에도 익숙해야 하는 그 길에서 한 발자국 한 걸음의 자취가 얼마나 숭고한지를 잠 안 오는 이 밤 울리는 소리에 깊이 고민한다.

창밖이 훤하다.

나른한 아침의 순간을 아쉬워하며 기지개를 켠다. 커튼을 젖히니 은세계가 펼쳐 있다. 눈은 하늘이 이 세상에 내려주는 축복이다. 밤새 울리던 모든 소리가 눈송이에 뭉쳐 있다. 이런 날은 따듯한 모닝커피가 제격이다. 모락모락 김 오르는 커피 잔을 들고 다음 손님을 위해 한 잔 값을 남겨 둔다는 카페 소스페소를 떠 올린다.

밤을 하얗게 새면서도 정작 나는 눈이 오는 소리를 듣지 못 했다.

나의 버킷리스트

낯 익은 곳이다. 길게 늘어진 야트막한 언덕 밑으로 강물이 흐른다. 집 한 채, 사람하나 보이지 않는 황량한 곳에 내가 혼자 서 있다. 어딘지 딱히 집히지 않는데도 전에 몇 번 다니던 풍경처럼 느껴진다. 언덕을 넘어가면 어린 시절이 묻혀 있는 고향이 나오지 않을까. 할머니와 더불어 삼대 가족이 한 지붕 아래에서 살던 곳, 그리고 철부지 친구들의 숨결이 함께 맴돌던 고향.

마음은 설레는데 쉽게 발걸음이 떨어지지 않는다. 어쩐지 너무 먼 곳 같다. 자세히 보니 낯선 곳 같기도 하여 순간 낭패감에 젖어든다.

사위가 고요하다. 새벽이 어스름하게 스며든 창문에 나

무 그림자가 흔들린다. 꿈속의 장면을 잠시 생각한다. 길몽인가, 흉몽인가. 무슨 예지몽이라도 되는가. 혼자 던져진 적막감에 한기를 느끼는데 문득 '버킷리스트' 라는 단어가 넓은 공간을 비행한다.

작은 어머니의 병문안을 갔다. 겨우 실눈을 뜨시는 초점 없는 눈동자에 일순간 눈물이 고인다. 주사바늘을 잡아 빼지 못 하도록 장갑이 끼워져 있는 두 손을 가만히 잡았다.

"큰 아들 낳은 날 조카가 방에 들어 와서 신기한 듯 아기를 쳐다보았지." 아주 힘들게 입술을 움직이며 하시는 말씀에 명치끝이 먹먹해진다. 얼마나 기다리신건가. 얼마나 외로우셨나. 육십 여 년 전 내가 초등학교 오학년쯤의 일이다. 속적삼 깊이깊이 묻었다가 이제 꺼내시는 당신의 가슴이 애처롭도록 가냘프게 들썩인다. 꿈에서 본 길이 작은어머니와 닿아 있었던 것인가.

나이 들수록 '살다보니 인생이 별것 아니다.'라는 허탈감을 토로한다.

정체성 없이 자존감을 지니지 못 한 삶의 넋두리가 아니다. 산다는 것은 고해지만 살아 있다는 것은 축복이라는 말의 동의어에 다름없기 때문이다. 살아서 움직일 수 있고,

병문안을 다녀오고, 다른 사람의 불행에 눈물을 흘리며 고독해서 밤을 지새우는 존재감에 대한 기쁨의 언어이다.

현명한 사람은 죽는 공부를 한다고 한다. 훌륭하게 살아가기 위한 최선의 방법은 언제라도 죽을 준비를 하는 것이다. 죽음이라는 단어가 공허한 마음의 한 구석을 차지하면 누구라도 가슴 속에 실 날 같은 꿈 하나를 심어놓아 보자. 그 꿈의 씨앗은 죽기 전까지 심장을 힘차게 뛰게 할 것이니 말이다.

죽기 전에 꼭 해야 할 일은 무엇일까? 영화에서 자동차 정비사와 재벌 사업가는 카레이싱, 엉덩이에 문신하기, 스카이다이빙 등 일상에서의 탈출을 시도 하면서 세계 여러 곳을 여행한다. 헤어진 친구에게 전화하고 눈물 날 때까지 웃어보며, 헤어진 딸의 분신인 세상에서 가장 아름다운 손녀에게 키스로 화해하는 휴머니즘의 잔잔한 감동을 선사한다.

죽기 전에 해야 할 목록을 작성하는 사람은 행복한 사람이다.

세상에는 죽음을 준비 할 사이도 없는 경우가 더 많다. 예고 없이 찾아오는 각종 사고사나 돌연사에는 대책이 없는 거다.

우주의 법칙을 말하면서도 인생의 가장 사소한 일들을 이해하지 못하고 죽음에 대하여 경탄할 만한 생각을 가졌으면서도 정작 자신은 죽는지도 모르고 죽는 존재가 아닌가.

세월호에서 스러진 꽃송이들, 화장실에서 쓰러져 가버린 절친, 급서한 지인. 이들은 찰나의 순간에 무엇을 떠 올릴 겨를도 없었을 거다. 사랑, 행복, 희망, 아니면 미지 세계를 향한 두려움이라도 일렁거렸다면 좋았겠다.

버킷리스트는 사람마다 다르겠지만 하고 싶은 어떤 일도 즐거울 것이다. 인생의 마지막을 아름답게 장식하며 떠나고 싶기 때문이다.

나는 무엇을 멋지게 하여야 하나! 지금부터라도 망설임 없이 세계여행을 다녀 볼까. 이국 미인과 멋진 사랑의 밀어를 나누는 꿈을 꾸면서 말이다.

춤을 배워도 괜찮겠다. 몸치에 음치라서 엄두도 못 내던 일이지만 사랑하는 이와 무도장을 활개치며 돌면 아주 멋질 것 같다. 그러면서 색소폰이나 클라리넷 악기 하나를 배우면 금상첨화일 것 같다. 연회장이나 모임에서 노래 대신에 악기를 연주하면 더 근사 할 것이고 때로는 스트레스 해소에 묘약이 될 수 있을 거다.

멋진 소설이나 수필로 베스트셀러가 되고 싶은 꿈은 아무래도 버킷리스트에서 지워야겠다. 대신 나보다 어렵고 불행한 이들을 도울 수 있는 방법을 추가 하련다. 베푸는 일이야말로 인생이 가장 보람되고 행복 할 수 있기 때문이다. 어릴 적 살던 고향도 서로 베풀며 오순도순 살던 곳이었다.

로또와 인생

"행운을 빕니다." 상냥하게 웃으며 말하는 아가씨의 말이 상큼하다.

정말로 대박이 터질 것 같은 기분이 들며 순간 가슴이 설렌다.

이즈음 로또 복권 판매량이 많이 증가 했다고 한다. 몇 년간 지속되는 국내외 경제위기 속에서 견디다 못해 요행수를 바라는 현상이다.

숫자 여섯 개가 다 맞았다. 정신이 아득해진다. 가슴이 놀란 토끼 심장처럼 뛴다. 이제부터는 고생 끝이요 행복이 넘칠 것이다.

터질 것 같은 박동을 진정시키기 위하여 서랍에서 청심환을 꺼낸다.

일등 상금이 얼마나 될까. 십억 원이 안 될 때도 있던데, 세금 떼고 이십억만 받으면 좋겠다. 그래야 우리 자식들에게 아파트 한 채씩 사줄 것 아닌가. 증여세를 내라고 하면 어쩌지? 그렇지, 우리 내외와 아들 딸 네 사람 공동 명의로 당첨금을 받으면 될 것 같다. 그렇지만 젊은 아이들이 요행수만 바라며 살게 되면 곤란하니 자식에게는 당첨 사실을 비밀로 해두자.

다른 사람들에게도 철저히 입 다물어야지, 도와달라는 등쌀에 내 명에 못 죽을 거다. 잘못 소문나면 강도를 당하거나 납치되어 곤욕을 치룰 지도 모른다. 차라리 쥐도 새도 모르게 나 혼자만 알고 수익성 좋은 빌딩을 사서 편안한 노후생활을 해야겠다.

수삼십 년을 훌쩍 넘게 고생해온 마누라와는 공동 명의로 하자. 혹여 내가 잘못 되어도 덜 당황 되겠지. 내 비자금은 좀 챙겨 놓자. 혹시 멋진 연인이라도 생겨서 같이 해외여행이라도 갈지 누가 알겠나. 그럴수록 물론 아내에게는 더욱 잘 해야지. 최상의 아부가 가화만사성일지니.

건물 수입의 삼 할은 불우한 사람들을 위하여 써야겠다.

몇 년 전 사업에 실패하여 곁방살이 하는 친척부터 도와주자. 또 부인도 잃고 자식도 없이 불편하게 지내는 평촌의 죽마고우도 도와야지. 그 친구, 호구지책으로 용달차를 사고 싶어 하던데 가능하면 할부대금이라도 대 주어야겠다.

아휴, 골치 아프다. 당첨금은 어디에서 타나, 받고나서 생각하자.

“뭐 해요, 들어가서 편히 주무시구려.” 어렴풋이 들리는 아내의 말소리에 눈을 뜬다. 무슨 조화인지 요즘은 앉으면 졸리니 나이에 앞서 몸이 까탈을 부리나보다. TV에서 로또복권 추첨 방송이 막 시작되었다. 혹시나 하던 기대가 역시나 꽝이다. 방금 전 꿈에서는 일등 당첨이었는데.

로또복권은 많은 사람의 삶의 여정을 격랑처럼 흔들어 놓았다.

곗돈 수 천 만원으로 로또복권을 사서 탕진한 후에 동반자살한 부녀가 있었는가 하면, 1등에 당첨되고도 동료 도둑이 알까봐 계속 함께 도둑질을 하다가 들통 난 자도 있었다.

영국에서는 십여 년 간을 매주 같은 번호로 복권을 구입하던 사람이 하필이면 한 번 빼먹은 주에 그 번호가 일등이 되자 실망감으로 자살을 해버렸다고 한다. 그 다음 주에도 그 번호가 2등이었다고 하니 복권 요지경이라고나 할까. 강원도에서 경찰관으로 근무하다가 우리나라 복권사상 최대의 삼백억 원이 넘는 당첨금을 탄 후 잠적한 사람은 지금 어디에서 무엇을 하고 있는지, 미국으로 이민을 갔느니, 강남 타워팰리스에 산다는 등 소문만 무성하던 그는 지금 얼마나 행복을 누리고 있을까.

대부분의 당첨자들은 그들 생활에 윤활유로서 사용하였겠지만 그렇지 못한 경우도 많은 것 같다.

당첨된 지 수년 만에 가정까지 풍비박산 되어 로또를 원망하던 인천 사람은 삶의 생태가 원상회복 되었는지 모르겠다.

행복은 외부의 물질적 환경요건보다는 내부의 정신적 충만감에서 얻어진다. 돈은 일상생활에서 필요조건이요 많을수록 편리하지만 행복을 위해서는 종속변수의 하나일 뿐이다. 마음이 순수하고 방하(放下)하면 즐거움이 늘 곁에 머무를 것이다. 하지만 심성을 다스리기가 어찌 쉽겠는가.

범상한 사람들에게는 애당초 속물근성이 생활의 활력소인지도 모른다. 천 원짜리 로또복권을 사서 일주일을 설렌다면 그 또한 즐거움이 아닌가. 당첨금으로 도움 준 학생이 노벨 물리학상을 탄다고 비약의 나래를 펴도 신명이 난다. 본전도 못 찾음을 아쉬워 할 필요는 없다. 다음 주가 기다리고 있으니까. 확률이 없다고는 더욱 생각하지 말자. 우리야말로 삼억 분지 일의 경쟁에서 최종 승리한 인생 아닌가!

내일은 오래간만에 그 예의 바른 아가씨에게 가서 복권을 사야겠다.

그네에 앉아 기다리다.

제2장 울타리 안 이야기

벤자민 잎이 피면

남자는 가을을 좋아한다는 옛 말에도 불구하고 나는 처녀의 가슴에 바람을 불어넣는다는 봄의 찬란한 변화에 늘 설렌다. 앙상한 가지에서 돋아나는 눈망울, 돌 틈새를 비집고 솟아오르는 새 싹들의 생동감에 취해 내일의 초록빛 희망을 그려보곤 한다.

배낭을 꾸려 메고 아내와 함께 청계산을 올랐다. 거의 일년 만에 함께하는 산행이어서 흥분했을까, 아내의 얼굴빛이 산등성이에 핀 진달래꽃처럼 고운 연분홍색이다. 매봉에 이르는 천여 계단을 사뿐사뿐 잘도 오른다. 나는 거친 숨을 몰아대며 쉬어가고 싶은데 눈치도 없이 콧노래라도 부르고 싶은 표정이다. "이것보아요 나 흙 좀 퍼갔으면 좋겠는데.” 삼십 여년을 살면서도 아내는 아직까지 여보소리를 못한다. “벤자민 화분 흙 갈이 하려고요.”하며 산등성이의 낙엽 흙을 재빨리 비닐봉지에 주워 담는다. 사방을 두리번거리는 폼이 산의 흙을 함부로 가져가면 법에 걸린다고 한 나의 농담 섞인 엄포가 마음에 걸리는 모양이다.

우리 집 베란다에는 제법 커다란 벤자민 나무 한 그루가 있다. 육년 전 봄에 아내의 주장으로 기르기 시작한 나무이다. 결혼 후 내내 직접 모시던 시부모님을 여읜 후 시름겨워하던 아내는 아파트가 너무 을씨년스러웠나보다. 벤자민은 가꾸기가 쉽다는 인근 화원 주인의 말대로 일주일에 한 번 정도 화분 그득히 물을 주기만 해도 튼실하게 자라주었다. 사시사철 낙엽이 떨어지면서도 윗가지에서는 연초록 새잎이 돋아나 늘 풍성한 생기를 뿜어냈다. 한강 너머 먼 산봉우리에서 햇살이 뻗어 오면 이파리들은 잔잔한 파도처럼 넘실대었다. 어느새 처음 들여올 때 내 허리 남짓하던 것이 키를 훌쩍 넘어서 베란다 천정에 닿을 정도로 커졌다.

이렇듯 별 탈 없이 잘 자라주던 나무에 문제가 생겼다.

갑자기 잎들이 누렇게 변하더니 주인을 원망하며 나무라듯 우수수 낙엽이 되어 떨어져 내린다.

작년겨울은 유난히도 추워 십 수 년 만의 강추위가 며칠간 지속 되었다.

몇 년 전 IMF때보다도 더 힘들다는 고된 삶을 화풀이 하듯 한강 물이 얼어붙더니 그 통에 벤자민도 얼었나 보다. 그동안 베란다에서 잘 자라 주어 거실 안으로 들여놓지 않은 것이 실수였다.

나뭇가지를 꺾어 보니 이미 말라죽은 듯 힘없이 부러진다. 몇 년을 애지중지하던 나무요 최근에는 그 생명력에서 작으나마 위안을 얻던 터라 무척 아쉽다.

평소 무심 한 듯 보이던 아내가 웬일인지 한 술 더 뜬다. 무조건 살려내라며 치우지도 못하게 하는 바람에 할 수없이 보기 싫은 잔가지를 모두 잘라 버렸다. 가로수 가지 치듯 큰 줄기만 덩그러니 남은 화분을 보더니 또 핀잔이다. "잎이 돋을 데가 없어서 살고 싶어도 죽겠네." 딴은 맞는 말이라 내가 실수 한 듯싶지만 정 그러면 새로 한 그루 사오자고 괜스레 큰 소리 친다.

벤자민 나무는 동남아시아가 원산지인 뽕나무과 관엽 식물이다. 이산화탄소를 흡수하고 산소를 배출하여 공기 오염과 냄새를 제거한다고 해서 도심 아파트나 사무실에서 흔히 기른다. 이토록 희귀하지도 비싼 편도 아닌 나무에 아내가 예사롭지 않게 집착 한다.

산에서 퍼온 흙으로 화분갈이를 했다. 처음 해 보는 일이지만 통수가 잘 되도록 굵은 모래를 적당히 배합하고 뿌리를 잘 펴서 다시 심었다. 다행이도 뿌리는 생생한 것 같으니 혹여 살아날지 모른다는 생각을 하면서 물을 듬뿍 주었다.

"어쩐지 우리 현실을 보는 것 같아! 이 나무가 살아나면 모든 것이 잘될 것 같은데." 한마디 말을 던지며 아내는 바삐 외출한다.

며칠이 지나자 잘려진 벤자민 나무의 줄기 끝에 녹색물이 맺혀 오르더니 조금씩 그 색이 짙어진다. 그래 제발 살아다오. 하루 속히 새 줄기가 나와서 잎을 펴다오. 희망의 잎을. 간절히 기원하며 정성스럽게 화분도 닦아준다.

새 싹이 돋아난다면 내 삶의 초록빛 잎도 다시 활짝 피어날 것 같다.

어머니의 효자손

십 여 년을 살던 옥수동 집을 처분하고 잠실로 이사 했다. 젊어서부터 한두 번 해본 이사가 아니련만 간단하지가 않다.

이불보따리와 솥, 냄비를 잔뜩 싣고 앞자락에 연탄불을 매달은 리어카를 끌며 이사하던 시절에 비하면 요즈음의 포장 이사는 일도 아니지만, 연륜의 무게로 커진 세간을 새 집에 맞게 정돈하려니 여간 신경이 써지는 것이 아니다.

옥수동 집은 압구정동 현대 아파트에서 부터 멀리 미사리 어귀 까지 한강 줄기를 한 눈에 내려다 볼 수 있는 경관이 좋은 곳이다.

지하철 환승역이 지척에 있어 교통이 아주 편한 터라 학군에 연연할 학생도 없는 우리 가족에게는 평생을 몸담을 수 있는 안성맞춤의 집이었다. 그럼에도 떠나기로 결단을 내린 이유는 그 집에 이사한 지 불과 몇 달 만에 한 달여 간격으로 부모님이 세상을 떠나셔서 늘 꺼림직 하고 어정쩡한 마음을 떨칠 수 없었기 때문이다.

크고 작은 짐들을 어지간히 자리매김 하고 서랍에 들여놓을 잡다한 물건들을 건사하는데 빛바랜 사진 몇 장과 일용품에 섞여 효자손이 나왔다. 손잡이를 이중으로 집어넣을 수 있도록 대나무로 깎아 만든 조막만한 물건이다. 돌아가신 어머니께서 쓰시던 것이라 생각하니 그만 마음이 울컥하여 한참을 만져 보았다.

어머니가 그 시절에 겪은 삶의 몸부림은 처절했다.

아침부터 저녁까지 때로는 밤새우기를 다반사로 우리 사남매가 크는 모습에서 낙을 삼으며 어려움을 감내하셨다. 여러 번 사업에 실패해 실의에 젖은 아버지의 무기력 상태와, 못마땅한 심정을 온통 며느리에게 쏟아 붓는 할머니의 고된 시집살이를 용하게도 운명으로 달관하셨다.

어머니는 음식, 바느질 솜씨뿐만 아니라 예의범절 격식에도 밝으신 분이었다. 외가 친척들은 대소사에 늘 모셔갔고 중학생이던 나는 아무런 대가도 없이 땀 흘리며 도와주는 모습이 싫어서 곧잘 짜증을 내곤 했었다.

세월이 한참 흘러 불혹이 넘는 나이가 되어서야 비로소 당신이 왜 그렇게 다른 사람의 일을 거들어 주는 것을 즐겼는지 알 수 있었다. 자신의 아픔을 엄마라는 옷으로 겹겹이 둘러치며 한을 삭이면서도 외롭고 허무한 일상생활의 질곡에서 벗어나 스스로의 존재를 확인하는 방편으로 삼았던 것이다.

어머니가 저 세상으로 가신 후에야 문득문득 여러 가지 상념이 협심증처럼 가슴을 찔러왔다.

고등학교 입학식 날 '엄마'라는 호칭 대신 '어머니'라고 부르겠다고 선언하며 호기를 부린 일. 맹장 수술 직후의 아프다는 호소를 엄살로 몰아친 일.

풍으로 쓰러져 운신을 못하시어 당신 방에 전화선을 연결하여 달라는 말을 마뜩잖아 미룬 일. 병문안 온 친척이 선을 달아놓고 갔을 때의 그 낭패감. 서투른 운전솜씨를 핑계로 가시고 싶어 하는 친척 집 방문도 택시를 이용토록 한 철부지 행위 등.

어머니를 영원히 응석을 부리며 기대야 할 자리로 생각

하는 철부지 같은 못난 아들의 언행에 대하여 어머니는 한 번도 섭섭함을 드러내지 않았다. 언젠가도 공연히 투정을 부리다가 죄송스러워 하니 "개의치 마라, 아들 하나지만 자네 앞에서 편히 죽는다고 하더라." 점집에서 들은 이야기를 전하며 천진스러운 아기처럼 웃으셨다.

효자손은 웬만한 완구점이나 길거리 노점에서도 쉽게 구할 수 있는 값도 별로 비싸지 않은 물건이다. 이 별스럽지도 않은 효자손이 나의 가슴에 옹이가 되어 매듭을 풀지 못하고 맴돈다.

임종을 달포 남짓 앞둔 어느 날 어머니는 등이 가려우니 긁어달라고 하셨다. 죽음의 증세를 견디지 못하여 옥수수자루로 긁어 달라고 졸랐지만 계절적으로 옥수수를 구할 수가 없어 모른 척 할 수밖에 별도리가 없었다.

옆 환자의 가족이 시골에서 씨받이 옥수수 한 자루를 구해왔을 때는 이미 소용없었다.

왜 바보같이 그 당시 효자손을 떠올리지 못 했는지, 왜 남도 구할 수 있는 옥수수를 못 구해 왔는지, 회한의 심정이 세월 따라 더께로 쌓인다.

"어머니, 맞벌이 하던 우리 내외를 대신해서 초등학생인 당신의 손자 손녀를 뒷바라지 해주시던 잠실 집으로 다시 이사 했습니다.

정원에 개나리, 진달래꽃이 흐드러지고 목련꽃도 청순합니다. 오늘 짐을 정리 하다가 보니 어머니가 쓰시던 효자손이 나왔습니다.

樹慾靜而風不止 子欲養而親不待 글귀가 칼바람처럼 가슴을 에웁니다.

돌이켜보면 한 번도 어머니께 효자손 노릇을 해본 적이 없는 것 같습니다.

지금부터라도 손이 닿지 않는 등허리의 가려움을 긁어 주는 역할을 찾겠습니다. 그래야만 극락세계에서 어머니가 활짝 웃겠지요."

마음의 판을 여는 돼지회

올 여름은 무척이나 덥다. 예년 같으면 한풀 꺾이련만 아침부터 후덥지근하다. 광복절이 월요일이라 황금연휴를 보내려는 피서객들의 차량이 쏟아져 나온 고속도로는 벌써 두 시간째 주차장이나 다름이 없다.

인간은 방랑의 원초적 기질을 타고난 것인가, 부질없이 짜증을 내며 차 에어컨 온도를 낮추면서도 기분은 가히 나쁘지 않다. 일행들도 모처럼의 여행에 상기되어있는 듯하다.

작년에는 태안반도에서 낭만을 키웠다. 물 나간 섬에서 낙지 한 마리 건져보려 기웃거리기도 하고 울창한 해송 산림욕도 즐겼다. 찰랑찰랑 발목을 간질이는 잔잔한 물결 따라 너울대는 석양빛의 황홀함에 탄성을 울리기도 했다. 골

뱅이와 모시조개를 줍던 추억 때문에 올 해에도 서해안 쪽으로 방향을 잡았다.

쏟아지는 별빛 아래 모래밭에서 사각거리며 바다 내음에 취하다가 민박 숙소로 돌아왔다. 숙박요금에 비하여 너무도 형편없는 방에 대한 불만도 어지간히 스러진 후다.

"자, 시작 합시다." 누군가의 한마디에 일행 아홉 명은 둥글게 앉는다. 드디어 섯다판이 벌어진다.

우리는 모두 친 형제이거나 사촌 간이다. 매년 여름 피서 여행을 함께 다닌 지도 벌써 이십여 성상이 흘렀다. 처음에는 생일 축하자리로부터 모임이 시작 되었다. 그런데 남편들의 술타령을 항상 뒷전에서 치다꺼리를 해야 하는 누이와 형수들의 불만이 컸다.

부부 열 사람이 함께 할 수 있는 놀이를 찾다가 손쉽게 배울 수 있는 화투 노름 섯다를 하게 되었다.

노름은 사행심을 조장하여 중독 시키고 자칫 패가망신하거나 친척이나 친구마저 잃게 만들기 십상이다. 하지만 한편으로는 세파에 멍들은 마음에 청량제 역할도 한다. 아마도 인간의 본능적 욕구 불만의 해소 방법으로 노름은 영원히 존속될 것이다.

"팔땡 이상 먹어, 칠땡이야." 하며 판돈을 거두려는 큰 형님의 손을 막내 여동생이 가로 막으며 장땡을 내민다. "너 바꿨지?" "무슨 소리유, 모처럼 먹었는데." 동생은 의기양양 하다.

우리의 판은 아무리 잃어도 일 만원 안팎이다. 그날 운이 나빠 지나치게 돈이 나가는 듯싶으면 옆 사람과 슬며시 패를 바꾸기도 한다. 다른 사람은 눈치 채도 히히 웃는다.

놀이 중에 술을 먹으려면 운이 좋아야 한다. 땡으로 이긴 사람만 한잔 먹을 자격이 주어지기 때문이다. 다른 사람은 사정해도 소용이 없다. 적당한 음주를 위한 장치이다.

때로는 배짱으로 덤벼들어 낮은 패로 높은 패를 이기기도 한다. 언제인가 제주도 여행 때는 불과 한 끗으로 터(비겨)버려 지금까지도 추억거리가 되고 있다. 어느 모임이 이렇듯 스트레스를 해소 하며 웃을 수 있을까.

사회생활에서는 어림도 못하는 배짱, 패를 슬그머니 바꿔치는 객기, 삼팔 광땡을 잡고서도 시치미를 띤 채 엄살을 떠는 짜릿한 여유로움 등, 인생살이의 불안 허탈 미련은 순간 사라지고 애정과 믿음의 웃음꽃이 핀다. 함께 마음의 판을 벌려 즐기는 것이다.

작은 것에서 기쁨을 찾는 일이 쉽지는 않나보다.

우리의 모습을 본 여러 사람들이 그들의 모임에도 시도해보았으나 실패했다고 한다. 판돈이 너무 적어서 시들하게 여기거나, 조금 크게 하면 눈에 불을 켜고 덤벼들어 분위기 조성이 잘 안 된다는 것이다.

마음을 비우는 훈련이야말로 인생을 슬기롭게 살아가는 방편인 것 같다.

모임의 명칭은 돼지회다. 현재 모임을 이끄시는 형님의 딸이 초등학교 시절에 아버지를 따라 나왔다가 "음식을 너무 잘 먹으니 돼지회인가 보다"고 종알거려 그때부터 돼지회가 되었다.

돼지는 다산성 동물로 우리나라에서는 상서로운 존재다. 윷놀이의 첫 번째요 돼지꿈은 재물의 상징으로 풀이된다.

어느덧 그 조카딸의 아들이 중학교에 들어갈 나이다. 이제는 아무리 좋은 음식이나 술도 예전처럼 많이 먹지 못한다. 모임을 이끄시던 외삼촌과 매형은 세상을 뜨셨다.

세월은 우리를 정(情)이라는 끈으로 꽁꽁 묶으며 화살보다 빠르게 달아난다. 이 끈의 한 가닥을 우리의 아들 딸들이 잡아 주면 좋으련만.

그네에 앉아 기다리다.

'까아악' 까마귀 한 마리가 맑은 하늘의 고요를 깨며 숲으로 날아든다.

아침나절 아무도 없는 공원의 잔디가 너무도 푸르다. 싱그러운 초록 공기를 심호흡하며 그네 줄을 당긴다.

미국 딸집에 온지 한 달이 지났다. 아이 둘을 깨우고 밥을 먹여 늦지 않게 통학 버스 태우는 일로 아침마다 북새통이다. 초등학교 일 학년 손자와 이학년 손녀는 가끔 늦장을 부리며 돌발 행동으로 아내와 딸을 진땀 빼게 한다.

아침 식사 후 산책에 나섰다. 일상의 피로를 풀고 새로운 활력을 충전시키려면 산책만큼 좋은 것은 없지 싶다. 아내는 길섶의 꽃과 나무와 향긋한 공기에 취하며 소녀가 된 듯 즐거워한다. 한참 낯선 길을 걷다가 어느 길목에서 공원 가는 길로 의견이 엇갈렸다. 아내의 고집은 이마의 주름처럼 골이 점점 깊어져 요즈음은 웬만해선 굽힐 줄 모른다. 티격태격하다가 각자 내키는 대로 가서 공원에서 만나기로 하고 헤어졌다.

올 시간이 한참 지났는데도 모습이 보이지 않는다. 초조함이 불안감으로 바뀐다. 무슨 일이 일어난 건 아닐까?

이상하게 최근에는 꿈을 많이 꾼다. 평상시 일상생활과는 전혀 연상이 안 되는 낯설고 이상한 장면이 대부분이다. 길을 잃어버리거나 죽은 사람이 보이고 괴한에게 쫓겨 진땀을 흘리며 시달리곤 한다. 꿈은 잠재된 무의식의 작용이라고 했던가. 많은 것을 내려놓았다고 생각했는데 아직도 마음 갈피에 쌓인 더께가 너무 두터운가 보다.

핸드폰을 열고 시계를 본다. 삼십분이 지났는데도 문자조차 오지 않는다.

어떻게 해야 하나?

공원은 집에서 1킬로미터 정도 걸어서 산등성이로 올라가야 한다.

한국과 달리 미국은 산등성이에 지은 주택들이 많다. 편리하게 닦아놓은 도로를 따라 자연을 최대한 살리며 마을이 조성되어 있다. 대부분의 집에는 몇 십 년 된 아름드리 나무들이 수호신처럼 마당에 자리 잡고 있다. 딸이 사는 동네에서 보면 울창한 숲이다. 낯선 사람들은 자칫 길을 잃어버릴 만큼 도로나 마을 모양들이 비슷하다.

엉뚱한 곳에서 헤맨다면 여간 낭패가 아니다. 아내의 고집이 언짢아 따로 온 것이 후회된다. 기껏해야 조금 더 돌아가는 길을 그냥 양보하고 따라갈 것을.

사람의 마음은 파도처럼 변화무쌍하게 변한다. 잔잔하다가 격랑이 되고 갑자기 해일이 되어 해안을 덮치기도 한다. 마음이 품고 가고 싶은 곳 그곳이 가족이요 고향이며 행복이 닿아 있는 곳이라면 나이가 들수록 부부간에 말이 적어지는 현상은 서글픈 일이다.

유명한 인기가수가 남편과 늘 말하고 싶어서 결혼 했다며 소탈하게 웃는 모습을 보며 공감한다. 성철스님의 '산은 산이요 물은 물이다'라는 마음속으로 들어가고도 싶다.

어느 과학적 분석에 따르면 행복은 우리의 삶에서 목적이 아니라 생존과 번식을 위한 도구라고 한다. 행복은 본능적으로 바퀴벌레를 싫어하듯 유전적이며 음식 맛을 기억하는 경험과도 같아서 아이스크림처럼 녹아 없어지기 때문에 자주 먹고 맛을 기억하여야 잘 느낄 수 있다고 말한다. 행복해지기 위해서는 꾸준하게 어울리고 소통해야 하는 것이다.

그네가 흔들린다. 여인이 발로 툭툭 땅을 차며 흔들림에 몸을 싣고 있다.

잰걸음으로 다가가 함께 앉으며 늦어서 미안하다고 말한다. 땅거미가 짙어진 수목 사이로 가로등 불빛이 희미하다. 살포시 어깨에 손을 얹으며 포옹한다. 첫 입맞춤을 하는데 그네가 요동친다. 청춘 남녀의 사랑은 그렇게 이루어졌다.

핸드폰 소리에 사십 년이 지난 추억의 상념에서 깨어난다.

푸들 강아지 두 마리가 잔디밭을 가로질러 산책하는 노부부를 쪼르르 쫓아간다.

메시지가 떴다. '집에 먼저 들어왔으니 걱정 말라'는 아내의 문자에 순간적으로 긴장이 풀어지며 가슴 한구석이 하늘로 훨훨 날아가는 것 같다. 안도의 숨과 함께 행복감이 밀려온다. 행복이 어떻게 유전적 인식이고 생존 번식의 도구라고 분석 되어야 하나? 삶 자체가 행복인 것을. 해탈에서 얻는 것 보다 일상의 부대낌으로 느끼는 기쁨이 더 좋을 것 같다. 그네를 힘껏 민다.

힘차게 그네를 미는 순간 나와 내 숨결이 닿는 모든 존재는 하나의 원소로서 융합된다.

딸의 피아노

미국에서 임시 귀국한 딸 식구들과 마트에 갔다. 말이 마트이지 백화점과 규모에서 별 차이가 없는 곳이다. 웬만한 도회지에는 동네 구멍가게가 사라지고 편의점이나 마트들로 대체된 지 오래다. 편의점은 대체로 목 좋은 위치에 자리 잡고 이십사 시간 영업을 하니 꽤나 편리한 구멍가게인 셈이다. 그럼에도 내가 편의점을 거의 이용하지 않는 이유는 큰 자본들이 구멍가게처럼 차려놓은 가식적인 것 같은 이미지가 싫어서다. 백화점은 너무 커서 생리에 잘 안 맞는다.

재래시장에 가면 사람냄새가 물씬 풍긴다. 할인도 하고 덤도 주고 늦은 시간이면 떨이도 하여 좋지만 우리 집에서는 너무 멀어서 탈이다. 그래서 상품이 다양하고 가까운 마트를 주로 이용한다.

주차장 입구 매장에 중고 피아노들이 진열되어 있다. '엄마, 저거 내 피아노네.' 딸이 손짓한다. 크고 작은 피아노들 한 가운데 유독 가격표가 붙은 피아노가 우아한 자태를 뽐내고 있다. 딸이 결혼하기 전까지 분신처럼 일상을 함께하던 피아노다. 음대 시절에 설치한 예쁜 녹음장치가 반기듯 원망하듯 쳐다본다.

가슴이 뜨끔하여 곁눈질 하니 아내의 얼굴에서 순간 핏기가 가신다. 하필이면 여기에 진열되어 있는가. 그것도 처분한 금액의 열배나 많은 가격표를 붙여서.

이순의 반열에 오르며 생활전선에 치열한 전투가 벌어졌다. 평온이 유지되리라는 대책 없는 안일한 태도의 허점을 틈타 생활고는 무자비하게 쳐들어 왔고 사활을 건 전투에서 깊은 상처를 입었다. 베이스캠프를 옮기며 전열을 재정비 하는 지경에 이르렀다.

삼십 여년의 아파트 생활에서 벗어나 단독 주택으로 옮긴 이유는 순전히 노후 대책 마련을 위해서였다. 문제는 주택 구조상 피아노 놓을 자리가 마땅치가 않은 것이다. 지금까지는 이삿짐 비용을 더 주면서도 곱게 보관하여 왔다. 전국 경연대회에서 금상을 타고 기뻐하던 초등학생 때의 모습, 집안 끝자락까지 젖어드는 아름다운 곡을 선사하던 딸의 성장과정이 피아노 건반에 녹아있기 때문이다.

중고 악기 판매상을 불렀다. 요즈음은 디지털 피아노 때문에 정통 피아노를 찾는 사람이 드물어서 중국으로 수출하는데 그마저도 잘 안된다며 엄살을 피운다. 그러고는 시세보다 더 준다고 너스레를 떨며 임시 길에 놓았던 피아노를 얼른 싣고 가버렸다.

딸의 아쉬워하는 표정에 가슴이 부정맥 환자처럼 거칠게 뛰기 시작한다. 서글픈 자괴감이 밀물처럼 밀려온다. 판매상에게 속은 것 같은 찜찜한 생각이 들며 신중하지 못한 행동이 후회되기도 한다. 무엇보다도 딸의 향기롭던 봄날을, 총총한 별빛의 꿈 조각을 팔아 버렸다는 바보스러움에 대한 자책이 회오리바람으로 휘몰아쳐 온다. 딸이 가끔 피아노 앞에 앉아 느꼈을 그 감정을 어찌 보상해 줄 수 있을 것인가. 미국으로 이사하면서 유일하게 남겨 놓은 피아노는 베란다 한 구석에라도 추억의 한 자락으로 보관되어야 했다. 어색한 침묵을 깨며 딸이 "괜찮아, 엄마. 다른 사람한테 좋은 일 한 거잖아요. 어서 멋진 임자가 나타나면 좋겠네. 아빠, 나중에 더 좋은 것으로 사 주세요." 하며 어설프게 웃는다. "그래, 그렇게 하자." 애써 큰소리로 약속하며 손자를 번쩍 안아든다.

어떤 기쁨이나 슬픔도 영원하지 않으며 어떤 소유물도 반드시 없어진다는 평범한 세상이치가 딸의 마음에 위안이 되었으면 하는 바람이다.

딸아! 너 기억 하지. '가슴에 슬픔을 담아보지 못한 사람의 영혼에는 무지개가 없다는 말을. 너에게는 훨씬 맑고 푸른 앞날이 기다리고 있단다.

설날의 의미

까치가 푸르륵 날아오른다. 낙엽 한 잎이 가지로 부터의 미련을 버리고 바람에 팔랑인다. 까치가 울면 반가운 손님이 온다는데 누가 혹시 오려나.

거실 창가에 놓인 상에 홍동백서(紅東白西) 어동육서(魚東肉西) 조율이시(棗栗梨柹) 격식에 따라 과일, 나물과 전, 탕, 식혜, 떡국을 한 올이라도 흘릴세라 조심스럽게 차린다. 경건한 마음으로 잔을 올리며 조상님께 고한다.

어릴 적 설날은 얼마나 설레고 즐거웠는지. 세배 돈을 누가 많이 탔는지 세어 보는 기쁨, 왁자지껄 편 갈라 하는 윷놀이의 즐거움, 아버지가 만들어 준 방패연은 튕겨대는 내

얼레 솜씨에 따라 창공을 나는 파랑새였다.

아버지 형제들이 다 모이던 내 초등학교 시절 설날은 아마도 천국이 따로 없을 것이었다. 음식 차리던 엄마의 눈치를 보며 집어먹던 전 한 조각은 꿀맛이었고 그때의 만둣국과 식혜 맛은 아직도 혀끝에 녹아 남아 즐겨 찾는 기호 식품이 되어 있다.

섣달그믐 날 복조리 장수의 '복 사려'라는 외침을 시작으로 그 시절에는 대보름까지 윷놀이, 널뛰기, 연 날리기, 쥐불놀이 풍습이 마을마다 벌어져 어릴 때의 황홀한 추억거리로 영원히 새겨져 있는 것이다.

음복 잔을 마신다. 빈 가슴을 채운 탓인지 술 한 잔에 금방 얼굴이 벌게지며 숨이 가빠온다. '아들아, 내년에는 한 식구가 늘어서 설을 맞으면 좋겠다.' 어쩐지 마음이 허전해서 기어이 한마디 한다.

나라의 운명만큼이나 우여곡절 끝에 되찾은 우리 최대의 명절, 지금도 매스컴에서는 교통 상황을 중계하고 특집방송에 요란을 떨지만 세시 풍속은 너무도 많이 바뀌었다. 이제나 저제나 자식들의 귀향을 기다리던 부모들이 오히려 자식이 사는 도시로 발걸음을 예사스럽게 한다.

차례를 지내는 정성도 많이 변했다.

하늘나라에서 새해를 맞은 친구들이 탄식한다. 한 친구가 차례음식에 뱀이 들어 있어 잘 못 먹었다고 하자 다른 친구는 휴양지 별장까지 물어물어 늦게 찾아갔더니 음식이 다 식었다고 불만을 터트린다. 다른 사람은 플라스틱으로 만든 음식이라 쫄쫄 굶었다고 하고 또 한사람은 외국말을 몰라서 해외여행 떠난 자손 찾기를 아예 포기 했다고 하소연한다. 인터넷에 떠도는 이야기이지만 웃어넘기기에는 얼마나 현 시대를 풍자하는 해학인가!

이제는 윷놀이보다 고스톱이 대세이고 널뛰기나 연 날리기는 전자오락게임으로 대체 되어 홀로의 벽을 높게 쌓는다. 한복 대님을 못 묶어 쩔쩔매는 갑돌이나 색동저고리에 분홍치마를 나풀대는 갑순이 모습은 거의 찾아볼 수 없게 변해버렸다.

아버지가 돌아가시기 전에는 그래도 작은집 식구들과 함께 웃음꽃이 만발하였다. 차례를 지내고 사촌들이 둘러앉아 내기를 하기 시작하면 아버지는 의례히 동전 주머니를 들고 거실로 나오셔서 잔돈을 나누어 주셨다. 화투라고는 손도 대본 적이 없는 분이 음복주 단 한 잔에 불콰하신 모습으로 지켜보셔서 민망스러울 때도 있었다. 방에 들어가서 쉬시라고 말씀 드리면 빙그레 웃으며 들어가시던 그

뒷모습이 이렇게 세월의 더께를 뚫고 가슴을 파고 들 줄은 당시에는 상상도 못한 일이었다.

아버지는 단지 동전을 나누어 준 것이 아니라 정을 나눈 것이요 당신의 존재감을 드러내고 싶으셨던 거다. 곁에서나마 쳐다보는 기쁨으로 노년의 외로움을 푸시고 싶은 무언의 몸짓이었던 것을 그때는 몰랐다.

동전을 나누어 줄 사람도 없고 그 돈을 받을 손님도 오지 않는 지금, 그래도 나는 동전 지갑을 만들고 싶다.

아들이 영화 예매 티켓 두 장을 내민다. 어른들의 눈물겨운 삶의 역사를 내용으로 하는 한창 흥행중인 영화다. 여자친구와 가려 했는데 부모님을 드린다고 생색내며 외출한다. 젊은이들이 보아야 부모 세대를 잘 이해 할 영화인데 아무래도 내용이 별로라고 생각하는 눈치다.

미국에 사는 딸 내외한테서 안부 전화를 받았다. '할머니 할아버지 새해 복 많이 받으세요.' 합창하며 까르르대는 외손자들의 웃음소리가 긴 여운을 남긴다.

부모님 조상님께 감사드린다. 삶의 끝자락에서나마 뒤를 돌아보고 내일을 웃을 수 있는 힘을 주신 것을. 내년에는 더욱 화기애애한 설을 보내도록 조상님이 도와주실 거다.

라 트라비아타

연녹색 새싹들의 잔치가 벌어진다. 개나리 진달래 목련꽃의 자태에 뒤질세라 한 겹 벗어 던진 여인들의 화사함이 자못 향기롭다. 창밖의 계절이 이렇듯 온천지를 새롭게 단장하건만 공연히 옥죈 가슴으로 마뜩찮은 세월을 콩팔칠팔하던 차에 기분전환 기회가 생겼다.

오랜만에 찾아본 세종문화회관은 여전히 활기가 넘쳐흐른다. 본관 석조 계단에는 팔짱을 낀 젊은 연인, 시내 구경을 나온 노인, 아이스크림을 들고 촐싹대는 아이들이 나름의 질서를 이루고 있다. 여러 행사장에는 문화의 향기에 취하려는 사람들로 붐비며, 오페라가 공연되는 대극장 입구는 시작 훨씬 전인데도 북새통이다.

공연 작품은 서울시오페라단이 한국오페라공연 60주년을 기념하기 위한 야심작으로 선정한 〈라 트라비아타〉이다.

세계의 유명한 오페라단이라면 한 번쯤 반드시 공연하였을 〈라 트라비아타〉는 프랑스 작가 뒤마 휘스의 소설 '춘희'(동백부인)를 이탈리아의 작곡가 베르디가 1853년 오페라로 처음 무대에 올렸다.

내용은 파리 사교계 미모의 여인인 비올렛타와 순수한 청년 알프레도간의 진실한 사랑 이야기이다. 자신의 가문과 재산을 지키려는 귀족 계급의 가족 이기주의와 위선에 희생되는 슬픈 사랑이다. 길을 잃고 버려진 여인이라는 제목 뜻처럼 가녀리고 힘없는 주인공이 죽어가면서 부르는 '지난날이여 안녕'의 노래에 한 세기 반 동안 얼마나 많은 사람들이 눈물을 흘렸을까…

좌석마다 설치된 자막 모니터 덕분에 더욱 실감나게 내용을 음미하며 우리나라 최고 수준 성악가들의 노래와 무용단의 춤 그리고 서울시교향악단의 합주를 관람했다. 친숙한 선율의 아리아에 현대적 감각을 가미하여 새롭게 무대를 구성하였고 수익금은 가정폭력 피해 여성과 결혼이민 여성을 위한 인권운동에 뜻 깊게 사용한다고 한다.

자신의 삶에 만족하는 사람이 얼마나 될까, 스스로의 뜻과는 상관없이 태어나 흔들리고 굽어지며 흘러가는 인생의 의미는 어떤 것인가. 한치 앞을 못 보면서 그 사실을 잊고 살아가는 어리석은 속성 때문에 잡념이 많아지고 고민이 깊어간다.

종교적 계시나, 철인들의 성찰을 따르기에는 너무나 미약한 존재이면서도 '마음먹기에 달렸다'는 평범한 진리를 곱씹으며 욕심을 낸다. 욕심이 행복과 불행을 가르는 근원이 됨을 알면서 확대 재생산하려 한다.

법정스님은 절간 거처에서 도둑을 맞고는, 남들이 탐낼 만한 물건을 가지고 있었던 사실이 부끄러웠다고 한다. 본래부터 내가 가졌던 것이 아니고 어떤 인연으로 내게 왔다가 그 인연이 다하면 떠나기 마련이라 생각하고 오히려 빚이라도 갚고 난 듯 홀가분한 기분이라고 했다.

"소유욕에는 한정도 없고 휴일도 없다. 제 뜻대로 되지 않을 경우 제 정신도 갖지 못하면서 마음을 상하니 하루 한 가지씩 버려야겠다."며 이미 오래전에 무소유의 관념으로 세상 사는 이치를 설파 하셨다.

〈라 트라비아타〉에서 비올렛타는 다가오는 비극적 운명

에 순응하며 모든 희생을 감수한다. 관객들은 그의 무저항에 안타까워하며 자신의 처지와도 비교하면서 공감대를 형성한다. 어차피 인생 자체가 라 트라비아타이기 때문일까, 거스르지 못하는 숙명에 흔들리며 사랑을 위하여 모든 것을 버리는 여주인공에 위로의 갈채를 보내는 것이다.

스스로에 목마르며 살아가는 많은 사람들은 과연 무엇을 위하여 얼마를 벗었을까, 덧입는데 삶의 의미를 두고 물살을 거스르기만 하는 것은 아닐까. 한 가지라도 확실하게 버린다면 자기의 존재가치를 알 수 있을 것 같다. 자신의 아름다움을 인정하는 사람이야말로 만물의 기쁨을 함께 나눌 수 있으리라.

오페라를 보고 오는 길에 노천카페에서 생맥주를 마셨다. 아내도 모처럼의 뜻 깊은 외출에 기분이 고조되어 있다. 젊은 시절의 즐거웠던 순간들을 되살리며 수다 아닌 수다를 떤다. 딸 내외에 감사하는 아내의 얼굴이 목련꽃을 닮았다.

술기운 때문인지 사추기(思秋期)적 우울증이 말끔히 가셔진다. 쉽게 해탈 할 수야 있을까마는 노력은 해보아야겠다. 행운을 가져온다는 네 잎 클로버를 찾기 위하여 행복의 상징인 세 잎 클로버를 헤집지는 말자고 다짐해본다.

착각은 삶의 한 조각

신록의 푸르름이 첫 키스의 연인처럼 풋풋하다. 얼굴을 간질이는 싱그러운 바람결에 삶의 그늘 한 조각 떠나보낸다. 갇혀있던 삶에서의 일탈이 날 선 가슴을 둥글게 이완시키나보다. 아파트, 창문, 엘리베이터, 핸드폰 등 모서리로 각진 의식의 탈출이다.

솜사탕 같은 구름 위에 일상을 벗어난 자유로움을 얹어놓는다.

몇 년 만에 보는 에버랜드는 여전히 북적인다.

사파리 월드, 로스트벨리는 세계적인 명소 디즈니랜드에서도 볼 수 없는 자랑거리다. 사자 호랑이 곰 등 맹수를 비롯한 초식동물들이 자연스러운 생태를 보여주며 원시 본능의 짜릿한 흥미를 자아낸다.

때 마침 장미 축제 기간이다. 온갖 종류의 장미꽃밭에서 품어내는 향기에 현기증을 느낀다. 꽃으로 이루어진 동물 형상들은 살아 움직이는 듯 현란하다. 장미꽃은 사랑과 애정의 대명사다. 한 송이 꺾어서 사랑하는 사람의 가슴에 꽂아주고 싶다. 갑자기 미지의 동화 세계로 뛰어드는 소년이 된다.

회전목마를 타며 손자 손녀가 '할아버지' 소리치며 손을 흔든다. 여기저기 놀이기구에서도 어린이들의 환호성이 울려 퍼지고 아기와 함께 탄 어른들의 해맑은 얼굴에 행복이 넘쳐흐른다. 바이킹 놀이기구에서는 어른들이 탄성어린 비명을 토해낸다. 수십 여 년 전, 나와 아내가 함께 소리 지르며 아찔함을 만끽하던 장면이 파노라마처럼 떠오른다. 꼭 껴안았던 아들 · 딸을 손자 손녀로 바꿔 놓고 세월은 아무 말 없이 무심하다.

산다는 것은 끊임없이 쌓이는 인연을 쓸어내는 것인지도 모른다. 남들이 밟아 온 그 길을 나만의 길인 양 색안경을 끼고 또박또박 때로는 터벅터벅 걷는다. 한줌의 먼지를 털어내면 곧 아름다운 길이 열리는 듯싶은데 저 멀리 희미한 불빛 그림자에 미혹되어 버린다. 무심코 내뱉은 한마디에 잠 못 이루고, 전하지 못한 진실 한마디가 평생 후회 하는 삶을 만들기도 한다.

해가 어둑어둑해도 지칠 줄 모르는 손자를 달래서 마지막으로 헬리사이클을 탄다. 페달을 직접 밟아 공중에 매달은 궤도를 돌아오는 헬리콥터형 자전거 놀이다. 속도를 내니 코너를 돌때 너무 쏠려 바닥으로 떨어질 것 같았다. 쏠림 방지 안전장치가 너무 부실한 것 같아 겁이 덜컹 났다. 속도를 줄여 겨우 출발점에 도착하니 앞 차보다 몇 십 미터나 처져 있었다. 종사원의 박수에 객쩍어 하며 자세히 보니 차바퀴가 레일 안으로 완전히 숨겨져 있는 것 아닌가! 레일을 이탈할 염려는 전혀 없었던 것이다. 이런 줄 알았으면 멋지게 스릴을 즐길 것을…….

관념의 틀을 벗어나기란 쉽지 않다. 사유의 한계는 판단을 구속하여 착각을 일으키며 많은 사연을 만들어낸다.

뒤돌아보면 착각 없이 살아온 세월이 얼마나 될까. 삼라만상 보는 눈이 착각이요 삶 자체가 허상일지 모르는데.

지나간 시행착오가 오늘의 고통 일 수도 있지만 항상 맑으면 사막이 된다. 착각은 삶의 동력일 수도 발목을 잡아매는 동아줄일 수도 있는 인생의 한 조각일 뿐이다.

'인생은 곱셈이라고' 누군가가 말했다. 내가 제로면 아무런 의미가 없는 거다. 그러기에 결점 없는 사람은 계곡이 없는 산과 같다.

내일을 향한 장밋빛 꿈은 비록 착각이라도 아름다운 것이다.

무지개는 실체 없는 빛의 굴절현상이 아니라 자라는 꽃나무요 너울대는 바다이기 때문이다.

햇살의 따스함과 바람의 싱그러움에 감사하고 희미한 별빛 하나에 환희를 느낄 수 있는 맑은 영혼일 때, 내 안경에 묻은 티끌이 바라보는 창문을 더럽히고 있다는 사실을 깨닫는다.

세월의 발목을 잡아 맬 수는 없지만 아직도 나는 햇살 드나드는 창가에 앉아 몇 번은 스치고 지나갔을 다정한 사람의 발자국 소리에 귀를 기울인다.

그리움 하나 가슴에 안고 이른 아침 숲속 길을 산책하며 푸른 바람 소리와 더불어 흘러가고 싶다.

진달래꽃이 떨어질 때면

봄은 언제나 진달래꽃을 앞세우며 찾아온다.

산등성 여기저기에서 뿜어내는 연분홍의 상큼한 미태에 산에 오르는 사람들의 발걸음이 한결 가볍다. 겨우내 쭉정이처럼 움츠렸던 가지 끝에서 피어나는 그 현란한 조화에 새로운 희망을 품는다.

슬그머니 꽃술을 떨어뜨려 아쉬울 즈음 온 누리는 이미 연녹색이 되어 봄은 종종거리며 밀려난다.

버스에서 내려 한 시간 남짓 걸어가는 곳, 논두렁 밭두렁을 지나면 얕은 계곡이 나온다. 바위에 하얗게 부서지는 물살 위에 매달리듯 걸려 있는 징검다리를 조심스럽게 건넌다.

산자락에 누워있는 오솔길을 숨 가쁘게 오를라치면 오두막집이 덩그러니 놓여 있다. 그곳은 사월 말에도 산등성이 온통 연분홍색이다. 영변의 약산 진달래꽃이 이보다 아름다울까. 아버지가 노년에 거처로 삼으셨던 곳은 마을을 내려다보는 적막한 곳이었다.

유년기 때는 세상에서 가장 훌륭한 사람으로 보이고, 청소년 시절에는 세대 차이를 느끼며 반항심의 대상이다가 비록 자식에게 별 도움이 안 되더라도 느지막이 그 존재가치를 새롭게 인식 받는 역할이 아버지가 아닐까.

언제나 웃음을 잃지 않으시며 흥얼흥얼 노래를 부르시고 국가대표 축구 선수보다도 더 공을 잘 찼었다며 가끔씩 소년기의 고향을 회상하셨던 아버지. 법률개정으로 당신의 교통법규 위반 사항 기록이 삭제 정리되자 무척이나 홀가분하게 여기는, 평생 남에게 싫은 소리 한번 못하던 분이었다.

노력만으로 험난한 세파를 이겨내기에는 한계가 있었던 시절이었기에 자식들이 모르는 사연 속에 어머니도 많은 눈물을 흘렸으리라 짐작된다.

내가 청년기에 들어설 즈음 아버지는 마지막으로 사업을 실패하셨다.

한동안 집 안에서 화를 삭이시더니 밖으로 맴돌기 시작하였고 며칠씩 집에 안 들어오시는 날이 잦아졌다. 그리고는 어느 날, 걱정 하지 말고 당분간 찾지 말라는 쪽지를 남기고 집을 떠나셨다.

기분이 좋아도 상심이 되어도 옛날 가요를 멋지게 부르시던 아버지, 그러나 울 장소가 없어 슬픈 아버지이기에 울 자리를 찾아 떠나신 것이리라.

두견새는 고향이 그리워 귀촉 귀촉 피를 토하며 울고, 그 피가 묻어 꽃잎이 피 빛처럼 붉게 타올라서 일명 두견화라고도 불리는 진달래. 그래서인지 양지보다는 약간 그늘지고 습기가 있는 곳에서 잘 자라며 우리의 조상들은 그 꽃으로 술을 빚고 화전과 화채를 만들어 먹었다.

우연의 일치던가, 아버지가 힘들게 정착한 곳에 민초들의 애환이 얽힌 진달래꽃이 그렇게나 흐드러지게 피어나고 있었다.

여러 해 동안 아버지는 그곳에서 손수 집을 짓고 땅을 개간하면서 응어리를 풀어내셨다. 포도밭을 매년 늘려가면서 한편으로는 눈부신 태양, 고마운 비바람, 정직한 땅에 대하여 나름대로의 질펀한 감성을 기록하셨다. 진솔한 내용이 신문, 잡지 생활수기에 여러 번 실렸고 라디오 드라마로 방영된 적도 있었다. 지금의 장수무대 같은 노래 자랑대회에도 나가셨다.

자녀들의 간곡한 귀경 종용을 물리치며, 봄이면 삭풍을 뚫고 피어나는 진달래꽃이 좋고 가을이면 열매들이 주렁주렁 달리는 자연의 섭리에 무엇보다도 감사하다고 하셨다.

'조심해라' 할아버지를 찾아와 징검다리를 건너려는 손자에게 먼발치에서부터 소리치며 기뻐하시던 모습이 눈에 삼삼하다.

아버지는 진달래꽃잎과 함께 세상을 떠나셨다. 인생의 마지막 터전이었던 피땀 어린 포도밭을 유산으로 남기시고.

해가 갈수록 아버지의 생전 모습을 떠 올리는 때가 많아진다. 진달래꽃이 떨어질 때는 더욱 그리움이 차오른다.

나의 자식들은 아버지에 대하여 어떤 생각을 할까, 차마 물어 보지 못하며 이 봄도 접는다.

그네에 앉아 기다리다.

제3장 마주잡은 손길

사랑의 흔적

사랑은 여러 빛깔로 우리의 삶에 다가온다.

영혼을 천상과 초월로 이끌기도 하고 타락과 파멸로도 이끈다. 열정, 분노, 질투의 온갖 상념으로 밤을 하얗게 지새우는 경우도 있다.

때로는 다른 가치를 짓밟고 또 패배도 당하지만 자기희생으로 보다 높게 승화하기도 한다.

친구와 수락산에 올랐다. 어느새 싱그러운 신록이 농염한 여름빛으로 익어져 있다. 한 시간 남짓 올라 정상 밑의 치마바위에 두 다리를 뻗는다.

김밥 한 줄과 족발을 안주로 막걸리 한 잔씩을 들이켜니 세상만사가 발아래에서 편안하고 상쾌하다.

그런저런 이야기로 서로의 마음을 얹다가 얼마 전에 돌아가신 친구 어머니를 떠올렸다. 고인은 팔십 육세로 세상을 떠나셨다. 소위 뼈대 있는 집안으로서의 기품을 내내 간직하시며 전날까지도 지방의 친척집을 방문 하실 정도로 건강하셨는데 갑자기 운명하였다.

“안녕하세요, 오랜만이네요.” 한쪽 귀퉁이에서 조용히 흐느끼던 중년 여자가 아는 체를 한다. 얼핏 누구인지 생각을 더듬는다. 고등학교 시절인지 그 이후인지 보았던 기억조차 가물가물한 친구 동생이다. “지방에서 산다며?” “네, 아주머니도 작고하셨다고요?” “그래, 두 분이 참 친하셨지.”

우리가 한참 성장할 때 두 집안 어머니는 비슷한 환경 속에서 동병상련(同病相憐)의 아픔을 서로 위로 하면서 많은 시간을 같이 보내셨다.

긴 세월 단절의 벽이 있음에도 덤덤히 이심전심의 대화를 나눌 수 있는 것도 두 분 교분이 연연히 흘러내린 덕분이 아닌가 싶다.

초상집 분위기도 그리 침통한 편은 아니었다.

친구는 갑작스러운 일을 당하여 실감이 안 나는지 문상

객들의 위로 말에 그저 고개만 끄덕이고 있고, 한쪽에서는 소주잔을 기울이며 큰 웃음소리도 간간이 튀어나와 자칫 잔치 집 같은 분위기를 풍기고 있었다. 오직 그녀만이 장례식 내내 슬픔을 참지 못하고 오열을 반복했다.

삼십 여 년 전, 그녀는 어머니와 거의 동년배인 남자와 결혼 하겠다고 청천벽력의 말을 꺼내 집안을 발칵 뒤집어 놓았다.

상대는 다니던 개척교회의 목사였다.

꽃다운 처녀가 중늙은이에 더구나 한쪽 팔마저 불편한 사람과 결혼한다니 기가 막힐 노릇이었다. 그렇지만 목사님을 평생 뒷바라지하며 복음을 전하는 일이 소명이라는 그녀의 확고한 신념을 꺾을 수가 없었다.

온갖 회유와 윽박지름도 소용이 없자 친구는 남매의 인연을 끊고 평생 보지 않겠다고 선언했다. 그리고 하나밖에 없는 동생이지만 철저하게 외면했다.

그녀의 사랑이 스스로를 불태워 타인의 영혼을 어우르며 광영을 베풀라는 하늘의 계시일 수도, 몇 억겁의 끈질긴 인연의 결실인지도 모른다. 하지만 세상의 눈초리와 부조화에 얼마나 고민하고 회의(懷疑)를 느끼며 갈등하였을 것인가.

모친상이 남매를 다시 만나게 해 주기까지 허허로운 세월이 흘렀다.

산을 내려오며 친구가 말한다. "어머니가 생전에 용돈을 모아두던 예금통장을 전부 동생에게 주었다. 그동안 어머니와는 몰래 연락을 했던 것 같은데 이제는 그럴 사람도 없으니 많이 외롭겠지."

친구 동생이 혼돈된 가치관에 괴리되어 나락의 인생살이를 사는 것이 아닌, 초극의 헌신으로 최상의 기쁨을 누리며 살리라 믿는다.

세상살이가 육신을 불태워 사랑을 배우면서 실행하는 과정이라면, 사람은 저마다 사랑의 흔적을 남길 것이다. 흔적은 빛이 되어 누리에 퍼질 것이다.

그녀는 어떤 빛일까! 친구는, 또 나의 빛은 …….

다이아몬드의 찬란한 빛도 좋지만, 여름 밤 반딧불이나 초가지붕을 타고 올라가며 달을 머금던 박꽃의 후박한 빛 또한 못하지 않을 것이다.

나비의 꿈

소음마저 빨아드린 투명한 하늘 끝자락에 외로움이 머문다. 우주의 심연에서 품어내는 슬픔이 가을을 타고 밀려오는 오후다. "전화라도 오면 좋으련만", 고요함에 반발하듯 중얼거리며 나른한 기지개를 펴는데 정적을 깨며 날개 소리가 들린다. 노랑나비 한 마리가 길을 잃고 사무실에 들어와 나풀거린다. 나비도 외로워 영혼의 고향인 사랑을 찾아 헤매는 건가. 아마도 계절의 변화에 놀라 바삐 안식처를 찾는지도 모른다.

낯이 익다. 요즈음 만난 적이 없는 사람인 것 같은데도 낯설지가 않다. 나이 탓이려니 생각하며 용건을 묻는다. 쳐다보던 손님이 멈칫한다. 조금은 당황스러운 표정이다.

"혹시, 전에……."

우연이다. 살다보면 이렇게도 만날 수 있구나! 흑갈색머리 밑으로 서리를 얹은 채 세월을 눈가에 묻히며 홀연히 나타난 여인은 연분홍색 재킷을 입고 있다.

아련하게 펼쳐지는 기억.

"저, 약혼해요."

불쑥 찾아와 내 뱉는 한마디 말. 그녀와 하루를 함께 보냈다. 설탕 타는 것도 잊은 채 마신 커피는 쓰기만 했고 단성사에서인가 본 영화 내용은 전혀 기억에 남지 않았다. 자칭 배우 김지미 보다 예쁘다던 그녀는 분홍색 물방울무늬 머플러를 팔랑이며 추억에서도 사라져 갔다. 한조각의 뜬구름이요 바람 같은 것이었다.

나비가 날아오더니 옛날 중국 장자의 꿈이 시공을 넘어 재현 된 것인가!

어릴 적에는 천연색 꿈을 꾸었던 것 같다. 절벽 아래로 시원하게 오줌을 누다 보면 영락없이 아침에는 키를 쓰고 이웃집으로 소금을 얻으러 다녔다. 직장을 다닐 때는 진급시험에 낙방하는 꿈을, 군대에 관한 꿈은 중년이 넘어설 때까지 지속되었다. 제대를 못해 애를 쓰거나 다시 입대하여 군 생활을 하게 되는 꿈으로, 만기 전역을 했는데 어찌된 일인가 꿈속에서도 안타까워했다. 우연히 친구들에게 말했더니 이구동성으로 비슷한 경험을 말한다.

프로이드는 꿈은 무의식 속 잠재의식이 나타나는 것이라고 하여 생활환경과 연관이 깊다고 분석하였다. 융은 역사적, 종교적인 것을 포함한 민족적 심층의식과도 연결된다고 하였다. 이러한 학문적 연구와는 별개로 꿈은 낭만이요 소망이다.

삼국유사에 나오는 '조신의 꿈'이나 김유신 장군 여동생과 김춘추 공 사이에 얽힌 꿈 이야기 등은 현실에서의 바람이다. 사람들이 가장 자주 흔하게 꾸는 꿈은 아마도 사랑의 꿈 일 것이다. 이성에 대한 사랑의 충동과 본능은 영원한 목마름이며 동시에 가장 억제되기 때문이다. 그렇기에 이루지 못한 사랑의 슬픔이 곧잘 꿈에서 기쁨으로 나타나기도 한다. 시나 소설에서도 꿈으로 인용하는 경우가 많다. 만해의 꿈으로 표현한 극진한 사랑을 풀어본다.

『나의 꿈』

당신이 맑은 새벽에 나무 그늘 사이에서 산보할 때에
나의 꿈은 작은 별이 되어서
당신의 머리 위에 지키고 있겠습니다.
당신이 여름날에 더위를 못 이기어 낮잠을 자거든
나의 꿈은 밝은 바람이 되어서
당신의 주위를 떠돌겠습니다.
당신이 고요한 가을밤에 그윽이 앉아서 글을 볼 때에
나의 꿈은 귀뚜라미가 되어서
책상 밑에서 귀뚤귀뚤 울겠습니다.

간절하고 아름다운 꿈을 꾸어 보았던가. 요즈음 꾸는 꿈은 잿빛이다.

지금까지의 인생에 매력적이고 감동적인 체험이 없어서 빛이 바랬나 보다. 기억에도 남지 않는 개꿈에 놀라 일어나 거실 창밖의 불빛을 바라본 적이 있다. 한 밤중 창밖으로 보이는 세상이 꿈을 꾸고 있는 것 같았다. 가로등 밑에 졸고 있는 나무도, 호수가의 새들도, 먼 산에 우뚝 서있는 바위도 꿈을 꾼다. 내 속의 작은 우주와 다른 우주와의 대화가 꿈이다.

해변에 놓인 조가비의 침실에서 무한대의 더 높은 곳을 향한 발돋움, 꿈은 영혼을 연마하며 슬기의 꽃을 피운다. 현실과 꿈은 하나로 엉키고 그래서 꿈은 영롱한 무지갯빛이어야 된다.

노랑나비를 타고 나타난 이 여인, 지금까지 무슨 꿈을 꾸어 왔을까. 노란색일까, 초록색, 아니면 보라색일까! 어떤 말을 해야 하나. 남편은, 아이들은, 사는 곳은…. 꿈을 꾸고 있느냐고 먼저 물어보아야겠다. 인생이 허망하고 부질없이 사라지는 파노라마라도 항상 꿈은 아름다운 빛깔이라고 말해 주고 싶다.

투명한 하늘 끝자락에 흰 구름 한 조각 걸려있다. 스러지는 조각구름처럼 인생은 꿈이다. 여인과의 만남도 꿈이다. 사랑 · 재물 · 명예 · 영광 등 이룰 수 없어도 아름다운 모든 것, 사람들은 한사코 그것들과 공존하려 한다. 꿈이다. 그래도 사람들은 꿈을 꾸며 살아간다.

길에서의 만남

오늘은 5월 5일 어린이날. 내일도 임시공휴일이다.

징검다리 휴일이 연속 휴일이 되었다. 정부가 고속도로 비까지 면제 해 주면서 나들이를 독려하는 걸 보니 경제가 어지간히 안 좋은가 보다.

손자들 떼어 버리고 시골 친구 만나러 간다. 백수 된지 오래되어 늘 노는 날이건만 공식 연휴는 색 다른 설렘이 인다. 어제 밤까지 내린 비에 산천이 상큼하다.

잠실, 남한산성으로 빠지려는 차량행렬이 1킬로미터부터 늘어서 있다. 분당 쪽에서 서울로 들어가는 곳이라 늘 지체 되기는 하지만 오늘은 더 심하다. 느긋하게 줄을 따라 서다

가다를 반복하며 잠실 방향으로 접어든다. 새치기 하는 얌체 차량이 없으니 지체되어도 별로 불쾌하지 않다.

잠실대교를 건너 강변북로에 들어선다. 쏟아져 나온 차량들이 장사진이다. 청년실업이니 먹고 살기 힘들다느니 하는 말이 엄살이 아닌가 싶다. 오디오 볼륨을 높여 계속 터지는 하품을 달랜다. 평일 한 시간 거리를 세 시간이나 걸려 양평 중부 내륙고속도로에 진입한다.

'루치아노 파바로티'의 경쾌한 목소리에 실려 차 속도가 빨라진다. 혼잡 속에서도 종전에 흔히 보던 갓길 달리기나 끼어들기, 경적소리조차 없다. 교통질서 이 정도면 선진국 수준이다. 기분 좋게 달려 드디어 목적지에 도착한다.

현관 입구에서 활짝 웃으며 손 흔드는 친구. 십여 년 만에 보니 몸이 많이 불었다. 연인처럼 달려가 껴안는다. 연휴 대목 맞은 리조트도 북새통이긴 마찬가지다. 입실 창구 번호판이 쉴 틈 없이 움직이며 방 배정을 한다.

다리안 관광지에서 오르는 소백산 길. 출입관리소에서 비로봉 정상까지 6.8킬로미터다. 왕복 5시간 이상 걸린다니 정상까지 오르기에는 너무 늦었다. 못 오르면 어떠랴, 옛 선비처럼 유유낙낙 걸음을 옮기니 천동계곡 물소리가 상쾌하다.

많은 사람을 살릴 산으로 알려진 소백산. 그래서인지 품속 들어가는 길을 편안히 열어 놓았다. 널찍이 다듬은 경사로를 오르며 친구가 쉬엄쉬엄 말문을 연다.

얼마 전에 이세신궁 보고 왔는데 자기들 조상을 위한 아름다운 공원이더군. 조상이래야 BC3세기 한반도에서 건너간 도래인 야요이인이지. 그들이 벼농사와 토기기술을 가지고 가서 일본이라는 나라를 세운거지. 그 이전 조몬시대에는 수렵과 채집으로 살고 있었거든. 백제가 멸망할 때 조상의 나라를 살려야 한다며 수만의 군사를 보낸 사실로 봐도 일본의 지배층은 한반도 도래인이 틀림없어.

이곳 가까운 부석사 대웅전 부처는 정면이 아니라 동쪽을 바라보고 있지. 왜구들의 침탈을 부처의 힘을 빌려 막으려는 뜻이지만 어떻게 보면 일본인들의 유전인자가 한반도에 집착하는 건 틀림없어 보여.

동네 공원처럼 잘 다듬어 놓은 길이지만 계속 오르는 산길이다. 숨이 차고 다리도 아파 쉬고 싶은 차에 천동 쉼터가 나온다. 얼음 같은 샘물에 피로를 씻으며 평상에 앉아 다리를 편다.

그동안의 궁금증을 물어 보고 싶다. 압구정동을 떠나 아무런 인연도 없는 시골에 정착 한 사연이 무엇인지. 아마도 그는 대답대신 빙그레 웃으며 입을 닫을 것이다. 나 또한 아무 것도 물어보지 않는다. 친구가 가는 길에 내가 끼어들 여지는 없는 것이다. 어차피 혼자 가는 여행길이 아니던가. 그저 함께 술 한 잔 나누며 어깨동무 할 뿐이다.

내 마음을 알아챘는지 친구는 후학을 격려하며 자유인으로 살아가는 삶에 보람을 느낀다고 말한다. 제자 중 세 명이나 모교 교수가 되고 한명이 다산 경제학상을 받아 뿌듯하다고 덧 부친다.

오를 때 보다 내려올 때 더욱 여유롭다. 올라갈 때 못 본 계곡의 풍경을 내려오면서 추억으로 저장한다.

친구는 일본이 거대한 매뉴얼 국가라고 한다. 너무 오랫동안 매뉴얼에 따라 살다보니 갈라파고스에 살고 있다는 것을 알면서도 스스로 헤어나지 못 한다는 것이다.

디지털 시대에 일본이 맥을 못 추는 이유가 디지털 세상은 0과 1이 펼치는 광활한 신세계로 아직 매뉴얼이 없는 세상이기 때문이야.

알파고와 이세돌의 바둑 대국에서 보듯 고정된 관념으로는 새로운 세상에 적응 할 수 없어. 물론 일본은 아직 배워야 할 것이 많고 타산지석으로 삼을 것도 있는 나라지. 그래서 기본적으로 두뇌의 회로도가 같은 이웃이 있는 것도 나쁜 일은 아니야. 교수답게 정연한 논리를 내세우며 일본을 분석 한다

크고 작은 바위에 부딪히며 뿜어내는 물소리, 싱싱한 산소가 가슴을 시원하게 뚫어준다. 내려다보는 먼 곳 마을이 한가롭다.

신은 전원을 만들고 인간은 도시를 만들었다고 한다. 친구는 거대한 매뉴얼의 작동이 싫어서 도시를 버리고 전원을 선택했는지도 모른다.

뉘엿뉘엿 넘어가는 태양 따라 길을 걷는다. 휴식으로 가는 길이다.

길은 전원과 도시의 연결고리가 되어 모든 것을 잡아둔다. 그리고 떠나보낸다. 인간은 편리 하도록 길을 만들지만 자연은 순리로 길을 만든다.

사색하는 친구의 희끗한 머리에 석양 노을이 발갛게 물들어간다. 어둑한 불빛 속으로 친구와 나는 함께 걷는다.

반상의 조화

가슴 설레는 봄이다. 산수유, 개나리, 진달래가 경쟁하듯 속살을 보이더니 벚꽃망울도 화사하게 터졌다. 온 누리가 신록으로 물들고 사람마저 향기에 취하는 봄이 시작된 것이다. 미련으로 시샘하는 찬바람에 옷깃을 여미며 길을 나섰다. 황사 때문인지 하늘이 뿌옇다. 이 멋진 계절답지 않아 눈살이 찌푸려지지만 모임 장소로 향한 발걸음은 경쾌하다.

때 아닌 전투가 벌어진다. 조심스레 진지를 구축하며 눈치를 살피던 적군에게 불시에 기습작전을 펼치며 후방에 침투한다. 일순 당황한 듯 멈칫하던 상대편이 반격을 시도 한다. 엎치락뒤치락 국지전이 점점 커져 나라 전체로 확전된다. 냉철하게 전선을 살핀다. 적군의 전력이 만만치 않다. 지피지기(知彼知己)는 필승(必勝)이거늘 먼저 나를 돌아보아야 했다. 신중하게 서로 상응해서 움직이고 경계를 넘어갈 때는 천천히 행동하라는 교전 지침을 소홀히 했나보다. 너무 승리에 집착하여 경솔하게 돌격시킨 부대들이 오히려 포위 되어 고전 중이다. 상대가 강하면 먼저 나를 지킴이 상책이니 도마뱀 작전으로 꼬리를 떼어주며 상대방에게 화평을 청한다. 흩어진 부대들을 집결시켜 반격을 하려는 허허실실(虛虛實實)이다. 함정을 파서 유인하고 미인계의 책략도 쓰며 때로는 무차별 융단 폭격을 퍼붓는다. 영토 쟁탈전이 계속되며 피아에 사상자가 생기고 포로도 많아진다.

치열한 전투가 어느 순간부터 포성이 잦아들고 진지를 정비하는 소강상태에 접어든다. 국경선의 경계를 구분 하고 서로의 사상자나 포로를 교환한 후 차지한 영토 면적을 가늠한다. 영토가 넓은 상대편을 승리자로 인정하며 흑백 간의 한바탕 전쟁이 끝난다.

바둑은 예로부터 신선노름이라고 하여 여느 놀이보다도 격을 높게 보았다. '신선 노름에 도끼 자루 썩는지 모른다.'

라는 말처럼 바둑의 재미는 무궁무진하다.

옛날 나무꾼이 산에서 바둑 두는 것을 구경하다가 집에 가려고 옆에 놓았던 도끼를 집으니 세월이 많이 흘러 도끼 자루가 썩어버렸다는 중국의 고사에서 유래한 말이다.

바둑의 수도 심오해서 지금까지 둔 그 많은 판에 똑같은 대국은 한 번도 없었다고 한다. 흑돌 백돌 한 점씩을 번갈아 놓는 단순함 속에 오묘한 우주의 진리가 담겨있다. 바둑판은 땅을 나타내고 흑백의 돌은 음양의 이치이며 포석은 천지의 질서와 움직임을 투영하는 것이다.

바둑 격언 중 첫 번째는 부득탐승(不得貪勝)으로 승리에 집착하면 이기지 못한다는 뜻이다. 어려워도 끊임없이 기다리는 강태공이 되어야 하는가 하면 폭풍에 과감하게 맞서기도 하고 때로는 들꽃같이 소박해야 할 때도 있어야 한다. 무조건 끊어서 싸우기보다는 포석과 타협으로 이득을 취해야 하는 것이다. 돌이 조화를 이루어야 하고 중용과 절충, 인내를 해야 좋은 바둑을 둘 수 있고 결과도 만족하게 된다.

인간사회도 바둑처럼 공정한 룰이 적용되었으면 하는 생각을 한다.

사회가 배타적 이기심에 빠져 자기 목소리만 낸다면 어

찌 될 것인가. 정치가는 대안 없는 목소리만 크게 내어 민심을 현혹시키려 들고 집단은 집단대로 개인은 그들대로 이익을 위하여 무슨 일이든 저지르려 할 것이다.

법과 질서, 공권력이 무력해 진다면 〈토마스 홉스〉의 만인의 만인에 대한 투쟁이 머리를 들것이다.

신호등 없는 혼잡한 사거리에서 서로 한 대씩 교차하며 운행하는 질서를 가진 사회, 지위 고하를 막론하고 똑 같은 잣대로 심판 받는 사회, 비판하기 전에 스스로를 돌아보며 반드시 내일을 생각하는 풍토, 국민 세금을 내주머니 돈 보다 귀히 여기는 나라가 되어야 삶의 행복이 뿌리를 내릴 거다.

바둑 친구들이 축배를 든다. 수담을 즐긴 후 뒤풀이를 하는 자리다. 오늘의 우승은 매 달 꼴찌를 도맡아 하던 총무가 차지했다. '쥐구멍에도 볕들 날이 있다'고 싱글벙글 한다. 전패를 당한 친구가 "자비를 베풀어 구원의 은혜를 주었으니 나는 오늘 부처님이요 그리스도가 되었다"고 말하며 좌중을 웃긴다.

봄이 가기 전에 야외에서 한판 벌여야겠다. 변화무쌍한 인생을 시뮬레이션 하면서 꽃향기에 취하면 신선 노름이 아닌가.

계단 오르기

날씨가 별스럽다. 엊그제만 해도 반팔 더위더니 오늘 아침은 영하에 가깝다. 바람마저 거세서 장롱에 넣어두었던 겨울 점퍼를 걸치고 길을 나섰다. 전철에서 내려 장례식장 가는 길에는 벚꽃이 화사하게 터져 그래도 봄을 실감하게 한다. 고인의 부고를 전해 듣고 가장 먼저 나이가 떠올랐다. 나하고 몇 살 차이 아닌데 벌써 가다니. 멍하니 어리둥절하다가 갑자기 가슴이 먹먹해졌다.

중후하면서도 온화한 영정 사진이 웃고 있다. "오랜만입니다. 형." 마주보며 웃고 싶은 순간 충동을 억제하며 제단에 흰 국화꽃 한 송이를 올려놓는다. 민망한 마음으로 황망히 절을 올리는데 울컥 눈시울이 붉어진다.

시간이 일러서인지 조문객이 별로 없다. 백 명 이상 앉을 수 있는 접대실에 열댓 명이 옹기종기 식탁에 앉아 있고 한쪽 편에서 흰 가운을 입은 안내 종사원이 음식을 나른다. 대학병원 시설답게 장례식장이 깔끔하다.

시대 변천과 더불어 장례문화도 많이 달라졌다. 내가 어릴 적에는 집에서 친척이나 이웃의 도움으로 장례를 치렀다. 살던 집에서 임종을 맞이한 후 동네에 보관된 꽃상여를 타고 장지로 떠나던 풍습이 일반적이었다. 지금은 상조회의 도움을 받으며 장례식장을 이용하니 유족이나 문상객이 훨씬 편안하다. 힘든 절차의 매장보다 비교적 간단한 화장을 대부분 선호하게 되었다.

"오셨어요." 고인의 동생이 옆자리에 앉으며 인사한다.

"그래. 이제오니. 어떻게 된 일이냐? 형이 왜 돌아가셨어?"

"집에 다녀왔어요. 어머니 혼자 계신데 충격 받으실 거 같아 안정시켜드리고 왔어요." 형은 급성 암에 걸렸음을 몇 개월 전에 알았지만 수술을 거부했다고 한다. 그리고 며칠 전에 미국에 사는 외아들을 만나고 와서 갑자기 세상을 뜬 것이다. 형이 수술을 거부하다니 다소 충격적이다. 매사 낙천적이며 적극적이던 성격으로 볼 때 쉽게 삶을 포기하지는 않았을 건데…

암담하던 육이오 전쟁 피난시절에 형을 만난 것은 아주 다행스러운 일이었다. 당시 오학년이었을 형은 막 초등학교에 입학한 나에게는 어른스러운 보호자였다. 자식들을 돌볼 여력이 없던 부모에게도 한숨 돌리는 힘이 되었을 거다. 형과 함께 해안가 바위틈에서 게를 잡기도 하고 산에 올라가 바위에 박힌 칡뿌리를 캐서 턱이 아프도록 달콤 씁쓸한 물을 빨아 먹었다.

더운 날에는 멱을 감으며 물속 모래밭에서 조개를 잡아 날거로 먹기도 했다.

형의 집은 번듯하고 잘 살았던 걸로 생각된다. 가끔 사탕을 주기도 했고 어느 날에는 집에 데리고 가서 아버지만 먹는다는 꿀을 몰래 손가락으로 찍어 먹게 한 적도 있었다. 어쩐 일인지 형은 나하고 잘 놀아 주었고 2년여의 피난 시절은 그렇게 아름다운 추억을 남기며 흘러갔다.

형을 다시 만났을 때는 중학교에 입학하던 해였다. 형은 중학생이 된 나를 무척 대견하게 여기며 반가워했다. 옛 추억을 더듬으며 서울의 이곳저곳을 구경시켜 주었다. 덕수궁에서 미술전도 감상하고, 창경궁에도 갔다. 남산 타워에 올라가 서울 전역을 내다보며 꿈을 물어 보기도 했다. 사회생활을 하면서도 가끔씩 소식을 전하던 형은 내 마음 속의 멘토(mentor)였다.

장례식장이 활기를 띠기 시작한다. 무겁게 침잠하던 분위기가 갑자기 밝아진 것 같다. 유일한 상주인 아들이 방금 도착했고 조문객도 늘어나서 조금은 시끄러워진다. 조화도 어느새 입구에 열병식처럼 늘어서 있다. 여기저기서 고인과의 인연을 회상하는 소리가 높아진다. "어머니는 안 오셨나 보다." 친척으로 보이는 분이 혼잣말처럼 소근 댄다. "연세가 너무 많으셔서 오기 힘드시겠지."일행 중 한명이 대답한다.

어머니는 결혼 후 오년이 지나도 임신이 되지 않자 걱정이 이만저만 아니었다. 병원에 가서 검진해보고 한약도 다려먹고 심지어 유명하다는 점집에 가서 부적을 붙여 봐도 별 무소식이었다. 고심 끝에 들여온 양자가 형이었다. 그러다가 거의 십년이 지나 동생이 생겼다. 인공수정은 생각지도 못하던 시절이었다.

언제인가 남산을 오르며 가위 바위 보로 계단 오르기 내기를 하였던 추억을 형은 간직하고 있었을까.

형은 내기를 하다말고 멀리 한강이 실개천처럼 길게 늘어지고 그 너머 회색빛 관악산이 보이는 허공을 한동안 물끄러미 바라보고 있었다. 말없이 쳐다보던 그곳은 무지갯빛 영롱한 미래와 현실의 고뇌가 혼재된 하늘이었을 것이다.

형과는 그 이상 내기를 하지 못했다. 그저 오랫동안 내 가슴에 깊게 추억으로 각인되어 있는 것이다.

인생길에는 오르막 계단이 끝없이 펼쳐 있다. 힘들면 잠시 멈추고 사위를 둘러본다. 가쁜 숨을 몰아쉬며 성취의 땀을 닦는다. 끝은 멀지만 적당한 곳에서 내려갈 차비를 해야 한다.

스스로 계단을 만들면서 올라가지만 미련 없이 내려 갈 수 있어야 하는 길이다.

무거운 짐 내려놓자

핸드폰에 문자메시지 도착 신호가 떠 있다.

'오늘까지가 끝이다. 내일부터 나는 없다.' 부평 사는 친구의 짤막한 문자다. 밑도 끝도 없이 무슨 소리인지 얼른 이해가 안 되었다. 보낸 시간을 보니 하루가 훨씬 지나 있었다. 전화벨과 알람 소리를 제외하고는 무음으로 설정해 놓아 제 때에 확인하지 못하는 경우가 가끔 있다. 젊었을 때는 상상도 못 할 만큼 발달한 통신과학기술이 가끔 소화가 안 되고 짜증 날 때가 많은 까닭이다. 늦은 밤이지만 친구에게 전화를 건다.

이틀 전 친구와 통화 한 사실이 떠올랐다.

"오랜 만이다. 너 오늘 시간 있니? 점심이나 같이 하자."

"그래, 잘 있었니? 다른 약속이 있어 오늘 안 되겠는데. 미안하다."

그는 나의 유일한 죽마고우다. 서울의 변두리 마포강변에서 태어나 자랐다. 중 고등학교까지 한 동네에서 자란 또래가 칠 팔 명 되었지만 세월이 흐름에 따라 흩어지고 세 명 만이 늦게까지 친하게 왕래했다. 각자 하는 일은 달라도 수시로 만나 바둑을 두고 여행도 다녔다. 그러다가 몇 년 전에 한 명마저 곁을 떠났다.

우리 세대가 겪은 애환의 표본 같은 삶을 살아온 친구. 늦둥이로 태어나 연로하신 부모님의 혜택을 거의 받지 못한 채 자란 그의 어릴 때 별명은 샌님이었다. 월남전에 참전하여 목숨을 걸고 밀림과 늪을 헤치고 다녔고, 중동 붐을 타고 열사의 나라 사우디에서 산업 역군으로 일할 때는 아들이 두 돌도 안 되어서였다.

열심히 일한 후 희망을 안고 귀국하였으나 얼마 되지 않아서 시댁과 갈등을 빚고 있던 아내와 이혼하는 불행을 겪으며 굴곡이 심한 삶을 살아야 했다. 세찬 삶의 파도를 헤치며 힘든 노를 저어가면서도 결코 어려움을 내색하지 않는 강직한 친구다.

그는 바둑을 무척 즐기며 승부욕이 강하다. 못지않게 술도 즐겨 매일 술병이 떠날 날이 없다. 술은 자기에게는 양식이라고 하면서도 호적수인 나에게 바둑을 질 때면 술 핑계를 댄다. 한 달에 한두 번 찾아가는 나에게 그는 가끔 취하면 허허롭게 웃으며 외로움을 언 듯 비치기도 했다.

벨이 계속 울려도 전화를 받지 않는다. 몇 번이나 '전화를 받을 수 없으니 소리 샘으로 연결하시기 바랍니다.'라는 안내 음성을 들으며 불길한 예감에 섬뜩해진다. 혹시 외딴 섬으로 바다낚시를 떠나 연락을 못 할 수도 있을 거라고 애써 자위하며 잠을 청한다.

이제는 별로 살고 싶지 않다던 그의 푸념 섞인 한숨소리가 생생하게 되살아난다. 기나긴 밤을 뜬 눈으로 밝히며 몸을 뒤척였다.

무슨 불상사라도 났으면 어떻게 대처해야 하나! 아들이 부산에 살고 조카가 대전에 있다고 했는데…. 그러고 보니 친구 주변에 대해서는 아는 것이 하나도 없다. 그의 친척이나 친구들의 연락처를 전혀 모른다는 사실이 당황스럽다.

아침에 다시 한 번 전화를 걸어본다. 몇 번의 신호음이 울린 끝에 "여보세요, 나 형이다." 능청스런 친구의 목소리다. "야, 임마, 너 어떻게 된 거야? 어제 밤에는 왜 전화 안 받았어?" 친구는 컴퓨터 교육을 받느라고 전화기를 진동으로 해놓고 깜박 풀지를 않아서 몰랐다고 한다. 며칠 못 만날 것 같아서 문자를 넣었는데 무슨 문제가 있냐고 되묻는다. "어떻게 내용을 그따위로 보내, 네가 보낸 문자를 다시 확인해봐." 큰 소리로 야단을 치며 어이없는 웃음을 날린다.

지나간 삶을 되돌아보면 근심이나 고민은 늘 주변을 돌며 함께 살아가는 삶의 한 부분으로 존재 한다.

스스로의 가치에 대한 회의를 수없이 되새기던 젊은 시절이 있었고, 직장 상사와의 갈등, 사회 구성원으로서 도태되지는 않을까 하는 불안감에 잠을 설치던 때도 있었다. 자식 걱정은 지금도 마찬가지다. 현실과 미래에 대한 불안이 무당 춤사위처럼 걷잡을 수 없이 들썩거리며 꿈에서까지 나타나곤 한다.

그렇지만 꿈에서 깨면 다른 세상이 되듯이 공연한 노파심이나 심각한 상황에서의 고민도 인생이라는 베틀 속에서 엉킨 실타래 풀리듯 풀려 버린다.

걱정 해보아야 내 능력으로 해결될 수 없는 것들, 그렇게나 마음 조리고 우울증마저 초래하던 사연들도 대부분 흐르는 세월에 녹아들어 추억의 한 갈피를 장식한다.

"밤에 잠이 안 온다. 소주 한 병을 먹어도 멀뚱멀뚱 할 때가 많아 걱정이다."며 불면증을 호소하는 친구. 첩첩이 쌓인 외로움으로 생긴 병이 아닐까. 모든 시름 놓아버리고 누가 이기나 싸워 보자고 바둑돌을 잡는데 전화벨이 울린다. 생신 때 찾아뵙겠다는 아들 전화를 받는 친구 얼굴이 환해진다. 친구야, 가슴 터지도록 햇살의 따스함에 감사하며 무거운 짐은 내려놓자!

붕어빵 이야기

우리 동네에서 가까운 지하철역 입구에 포장 칸막이 점포 3대가 나란히 붙어있다. 한 집은 떡볶이와 꼬치어묵, 그 옆에서 튀김과 김밥을 팔고 붕어빵장사는 끝 쪽에 있다. 지하철에서 올라와 집으로 가려면 늘 이들 앞에서 잠시 멈칫거리면서 먹거리의 유혹에 지갑을 열지 말지 망설인다.

나는 꼬치어묵과 김밥을 좋아한다. 어쩌다 입맛이 없을 때 일부러 어묵 한 꼬치와 김밥 한 줄로 점심을 때우면서 기분을 바꾸기도 한다. 특히 날씨가 싸늘할 때 구수한 국물과 함께 넘기는 어묵 맛은 별미다. 값도 싸서 별 부담 없이 자주 사 먹는다. 그렇지만 계절에 상관없이 가장 좋아하는 주전부리는 붕어빵이다. 한입 베어 물 때 고소하고 달콤하면서도 바삭하게 씹히는 맛에서 삶의 기쁨을 느낄 정도다.

어릴 적, 지금 마포세무서 건물이 들어서 있는 일대는 배추밭이었다. 초가집과 기와집이 뒤섞여 옹기종기 삼십 여 호가 자리 잡은 동네가 있었고 수색과 용산을 연결하는 기차가 벌판을 가로지르며 달리곤 했다. 지금은 폐쇄되어 공원으로 탈바꿈한 기차 길이지만 초등학교 5,6학년 때 나는 그 기차를 타고 통학했다. 집에서 걸어서 10분 거리나 되었을까 역사가 뻔히 보였다. 기차가 얼마 후 도착한다는 신호기가 떨어지면 아침밥을 먹다말고 책가방을 둘러매며 배추밭 두렁길을 뛰어가 통학열차에 매달리던 추억이 아련하다.

그 시절에는 거의 누구나 입에 풀칠하기 어려운 시기였다. 우리 집도 안방에 여섯 식구가 함께 살면서 건넛방과 헛간을 개조한 아랫방에 세를 놓고 근근이 살았다.

아랫방에 세를 사는 아저씨는 역 근처 기차 길 옆에서 풀빵을 팔았다. 학교에서 돌아오며 "안녕하세요." 인사를 하며 지나치려면 "지금 오니? 공부 열심히 해라."하며 풀빵 한 개를 건넨다. 꿀보다 더 단 풀빵 맛에 매일이다시피 인사를 하며 지나갔다. 항상 풀빵을 주는 것은 아니어서 받지 못한 날은 울고 싶도록 서운했던 기억도 새롭다.

아저씨는 결혼 한지 얼마 안 되었던 것 같다. 아줌마는 늘 푸석한 모습이었고 아장아장 걷던 아기가 있었다. 언제인가 날이 어두워서 들어온 아저씨는 아줌마에게 "오늘 저녁에는 밀가루 죽을 쑤어 먹자." 하며 한숨을 쉬었다. 나는 어린 나이에도 그 말에 꽤 충격을 받았으며 훗날 검약하는 성격 형성에 어느 정도 영향을 미치지 않았나 싶다.

내가 중학교에 입학하던 해에 아저씨는 이사 갔다. 그동안 둥그런 틀에서 굽던 풀빵을 붕어빵 모양으로 바꾸고, 부부가 함께 튀김도 팔면서 바람막이 천막을 넓혀 제법 포장마차의 면모를 갖추고 나서다.

우리 집도 얼마 후 이사 했고 그 후 한 번도 아저씨를 본 적이 없지만 붕어빵을 볼 때마다 어릴 적의 그 맛과 아저씨에 대한 기억은 아지랑이처럼 모락모락 피어오른다.

붕어빵에서는 서민 냄새가 물씬 풍긴다. 버젓한 건물 점포에서 파는 음식이 아니다. 간이 칸막이 건물이나 손수레에서 파는 것이 제격으로 인식된다. 온냉방도 안 되고 겨우 비바람이나 피할 수 있는 작은 공간에서 삶의 시련을 극복하는 사람들이 구워낸다. 빠리바게트처럼 시설 잘 된 빵집에서 사서 먹는다면 아마도 제 맛이 안날 것 같다.

오늘도 지하철 입구에서 붕어빵을 산다. 한가해서인지 오십대 여자 주인이 반갑게 맞는다. "어서 오세요. 얼마치 드릴까요?" "이 천원 어치요. 크림 넣은거 말고 팥으로 주세요. 장사 잘 되세요?" "요즈음은 붕어빵 찾는 사람이 적어졌어요. 재료값이 올라 수지 맞추기 힘든데 값을 막 올릴 수도 없고. 전업하는 사람이 많아요." 고충을 말하는 아주머니의 손놀림이 무척 빠르다.

붕어빵을 맛있게 먹으려면 머리나 꽁지 어느 쪽부터 먹나 고민 말고 사랑하는 사람하고 먹는 것이 제일 맛있게 먹는 방법이니 집에 가서 부인하고 나눠 먹으란다. 농담 한마디 더하는 아주머니의 모습이 붕어빵 보다 구수하다.

세상이 무척이나 빠르게 변화하여 그 발전 속도를 따르기조차 어렵다. 편리한 생활 속에 풍습이나 음식 맛도 옛것을 찾기 힘들 정도다. 그래도 우리는 과거를 잊지 않는다. 과거는 현재를 만들고 현재는 미래를 이어가기 때문이다. 붕어빵은 예전이나 지금이나 거의 변화 되지 않았다. 하층민으로 볼 수 있는 사람들의 생계수단이고 사먹는 사람도 여전히 순박한 서민이나 학생들이다. 끈끈하고 부지런하며 정겨운 국민 정서가 밑바탕으로 지속되고 있는 것이다.

붕어빵 노점상이 점점 사라지고 있다. 이러다가 영영 그 맛을 잃어버리게 되지 않을까 은근히 걱정된다.

삼페인을 너무 일찍 터뜨려 십여 년 이상 선진국 문턱에서 헤매며 오히려 더 후퇴 하지 않을까 걱정하는 현주소에서 우리는 사라져 가는 붕어빵에 담긴 애환을 되새겨 보며 마음가짐을 새롭게 해야 할 것 같다.

친구야 뭐하니

카톡이 뜬다. 요즘 소식이 뜸하던 반가운 사람이다.

조용필의 '친구여' 노래를 배경으로 마음을 닦는 문자들이 자막으로 흐른다. '꿈은 하늘에서 잠자고 추억은 구름따라 흐르고 친구여 모습은 어디 갔나 그리운 친구여~' 슬로템포 가락의 이 노래는 들을 때마다 애틋하다. 가사는 왜 그렇게 심금을 울리는지 나이 들수록 더 깊이 젖어든다.

삶의 여정에 만나는 수많은 인연 중 친구는 어떤 존재인가를 생각하게 한다.

토요일 늦은 저녁식사를 마치고 한가로이 휴식을 즐기는데 휴대폰이 울린다.

"여기 119구급대원인데요, 이 아무개가 술이 너무 취해 지하철 계단에서 굴러 떨어져 병원에 실려 왔습니다. 집에 연락했더니 부인이 그쪽으로 연락해 달라고 해서요. 빨리 병원으로 오셔야 될 것 같습니다."

가까운 동네에 살아 자주 등산도 함께하는 친구의 사고 소식이다. 옆에서 전화 내용을 들은 아내가 짜증을 내며 한마디 한다. "주영이 엄마는 자기가 안가고 왜 당신에게 연락하라고 해요? 당신도 감기 때문에 푹 쉬어야 하는데." "무슨 이유가 있겠지." 부리나케 옷을 갈아입고 집을 나선다.

지하철을 세 번 갈아타고 한 시간 반 이상 걸려 병원에 도착했다. 친구는 머리에 피가 배어 나오는 채로 응급실 의자에 앉아 졸고 있다. 완강히 치료를 거부해서 보호자 오기만 기다렸다는 병원 측 변명이다.

다행히 검사결과 머리만 찢어졌고 다른 이상은 없어 보여 응급처치로 몇 바늘 꿰맨 후 병원을 나왔다. 지하철 막차를 타고 오면서도 횡설수설하며 정신이 없는 친구를 바래다주고 집에 오니 자정이 훨씬 지났다.

예부터 가장 행복한 삶을 말할 때 오복(五福)을 갖춘 사람을 일컬으며 유교 경전에서는 오복을 수(壽), 부(富), 강녕

(康寧), 유호덕(攸好德), 고종명(考終命) 또는 자손중다(子孫衆多)라고 한다. 그러나 현대 고령화시대의 오복은 건강, 배우자, 재산, 일, 친구라고 한다. 나이를 먹어도 마음이 통할 수 있는 친한 사람이 있어야 된다는 말이다.

누구나 살아가면서 여러 형태의 만남이 이루어진다. 불경에서는 옷깃만 스쳐도 인연이라고 하지만 삶에 상당한 영향을 끼치는 만남이어야 의미를 가질 것이다. 부부처럼 평생을 같이 하는가 하면 악취를 풍기며 사라지거나 꽃송이처럼 어느 순간 시들어 버리는 만남의 경우도 많다. 헤어졌다가 다시 만나기도 하고 가족 이상 끈끈한 정을 유지하는 관계가 되기도 한다. 그중에서도 인생의 행로를 의논할 수 있는 사람을 친구라고 부를 수 있다. 가까이 있어도 멀리 있어도 그 모습이 아롱거리는 사람, 가슴에 담아놓기만 해도 뿌듯해지는 사람이 진실 된 친구가 아닐까.

풀꽃도 자세히 보아야 예쁘고 오래 보아야 사랑스럽다는 시구처럼 오랜 세월 정을 굳힌 후에야 진정한 친구의 인연이 이루어진다.

막역한 친구가 있었다. 같은 동네에서 자란 죽마고우로서 분야는 다르지만 직장도 같았고 취미도 같아 늘 만날 만큼 친한 사이였다. 그가 심장 수술을 하게 되어 병원에 입원하게 되었다. 입원하기 며칠 전 그는 나에게 병원비 재정보증을 서달라고 했다. 당시만 해도 건강보험 적용이 용이치 않은 때라서 수천 만 원 이상 치료비가 드는 건 뻔했다. 난감해서 즉답을 피했다. 주위 사람들도 그 친구는 재산도 많고 부인이 있는데 아무리 친해도 보증 서 달라는 자체가 이해 안 된다고 하며 말렸다. 고민 끝에 요청을 거절했다. 그는 수술 후 고생 끝에 일상으로 돌아왔으나 우리의 관계는 소원해지고 결국 소식도 두절됐다.

흔히 친구를 관포지교(管鮑之交)나 문경지교(刎頸之交)로 비유하며 믿음과 의리를 중요시한다. 대신 목숨을 내 주어도 좋을 정도의 사귐을 말한다.

아리스토텔레스는 두 개의 몸에 깃든 하나의 영혼이요 제2의 자신이 친구라고 했다. 모함에 빠지거나 불행한 일을 당했을 때 말없이 희생을 감수하며 도와주려는 사람이 주위에 몇 명이나 될까. 한 동안 단절된 친구를 생각하며 마음 아팠다.

젊어서는 친구가 많을수록 좋다고 하여 여러 사람과 교우하지만 점차 이런저런 이유로 떨어져 나가고 어느 순간 진정한 친구를 손꼽아보는 때가 온다. 비록 목숨을 내 줄 만큼의 사귐은 아니라도 칭찬할 때는 널리 알리고 책망 할 때는 남모르게 속삭이고 싶은 사람. 마음이 우울할 때 마주 앉아 조용히 음악을 들으며 손을 잡아 주고, 삶이 외롭고 쓸쓸하여 몹시도 허탈한 날 막걸리 잔에 진심을 담을 수 있는 사람. 생각만 해도 빙그레 미소 지어지는 가슴 따듯한 그런 친구가 그리워진다.

세상은 공허한 곳이지만 같이 생각하고 느끼는 친구가 있다면 아름다운 정원이 될 것이다. 참된 친구가 세 명만 있어도 성공한 삶이다.

우정은 길과 같아서 자주 다니지 않으면 잡초가 우거진다.

"친구야 뭐하니!"

한 밤중이라도 큰소리로 안부를 전할 수 있는 친구를 헤아려본다.

제4장 길 위의 발자국

내소사(來蘇寺)의 향기

오랜만에 캐나다에서 오신 장인을 모시고 장모님 산소를 찾았다.

가지고 간 과일과 음식을 놓고 간단히 제를 올린 후 음복을 하며 생전의 모습을 떠올린다. 백합꽃이 딱 어울리게 청초 하신 분이었다. 돌아가시기 직전까지도 시집 안 간 막내딸이 못내 걸리어 큰 사위인 내 손을 꼬옥 잡으시던 모습이 눈에 선하다. 벌써 봄이 고개를 쳐드는가, 쌓였던 눈이 녹은 진흙땅에 신발이 엉망진창이다.

장인께서 전북 부안에 있는 내소사를 가보자고 하신다. 늦은 시간이지만 흔쾌히 동의하고 내비게이터에 입력하니

180킬로미터 거리의 안내 표지가 뜬다. 생각보다 먼 거리다. 문명의 이기가 아니라면 언감생심일 것이다. 도로를 몇 번 바꿔 타고서야 목적지에 도착했다. 장인은 내비게이터가 신이라고 감탄하신다. 중도에서 바라본 마이산의 자태도 탄성을 자아내기에 충분했다. 말 귀를 닮은 우뚝 솟은 거암 두 봉우리의 웅장함이라니! 백의민족의 나비 꽃 춤추는 금수강산이라는 어느 시인의 말이 실감난다.

서해안 끝자락 변산반도 국립공원, 능가산의 봉우리들이 병풍처럼 둘러싼 내소사에 들어가는 길은 전나무 숲이 하늘을 가렸다. 고요한 정적 속에 스며드는 향 내음이 속세의 때를 씻어낸다.

아! 이 향기, 생전 못 맡으리라 좌절하던 냄새를 이렇듯 상큼하게 맡을 수 있다는 사실에 새삼 가슴이 벅차오른다.

이순(耳順)의 나이를 몇 년 앞두고, 막심한 감기의 증세와 더불어 후각에 이상이 생겼다. 곧 나아지겠지 하며 방심하는 며칠 후부터는 두통이 왔다. 여름철 부두에서나 맡을 수 있는 지독한 생선 썩은 냄새가 하루 종일 떠나지를 않았다. 화장을 한 여인에게는 더욱 다가갈 수가 없었고 모든 음식이 소태처럼 쓰기만 했다. 밤에 잠을 이루기도 어려웠다. 의사도 알지 못하는 원인으로 머리가 썩어가고 있다는 좌절감에 생전 처음 자살을 그려 보았다. 겉으로는 멀쩡한 고통이기에 더욱 외롭고 불안했다. 봄 햇살에 반짝이는 연록 색 이파리의 소리도 듣지 못하고 새털구름의 하늘 여행도 볼 수 없었고, 꽃을 찾아든 나비에게도 미소를 지을 수 없었다. 종교에 매달릴 마음으로 갈등했다. 직장에 나가며 아이들 뒷바라지에도 바쁜 아내는 매일같이 불공을 드렸고, 어느 문우는 나를 위해 늘 하나님께 기도드린다며 용기를 잃지 않도록 격려해 주었다.

절실한 기도 덕분이던가, 삭막한 세월이 3년여 흘러간 어느 날 화장실에서 희망을 보았다. 대변 냄새가 어렴풋이 느껴지는 것이 아닌가! 비록 전에 느끼던 냄새는 아니지만 풀냄새 비슷한 느낌이 코에 닿았고 그 후부터 냄새가 시나브로 분별되기 시작하였다. 음식 맛도 더불어 살아나고 지긋지긋하던 두통도 수그러져갔다. 여러 사람들의 정성어린 염원이 현대의학이 미치는 한정된 영역을 초월하여 자연과 인간이 지닌 자정력(自淨力)을 복 돋운 것이리라.

내소사는 '여기에 들어오시는 분은 모든 일이 소생되게 하여 주십시오'라는 백제시대 혜구 두타스님의 원력이 깃들여 있는 곳이다. 관음조(觀音鳥)가 단청을 했다는 대웅보전은 전설만 남긴 채 해풍으로 퇴색되고, 연꽃과 모란으로 장식한 화사한 꽃살문만이 살아 숨 쉬며 유유한 세월의 흐름을 말해 주는 듯하다.

도량 한가운데 서 있는 보리수나무에는 이름 모를 가지 하나가 더불어 자라고 있어 두타스님이 원력으로 부처님의 자비를 보여주는 듯 신비하다.

장인이 지나가는 스님에게 무언가를 물어보신다. 오래전 깊은 인연의 흔적을 찾으려는지도 모른다. 한 동안 노스님과 대화를 나누고 돌아서는 당신의 얼굴에는 흘러간 세월의 무상함, 아쉬움과 그리움을 함축한 표정이 떠오른다. 여기까지 오자고 한 이유가 무엇일까. "그냥, 젊었을 때 한동안 머물던 곳이라서…." 빙그레 웃으시며 사천왕문 기둥에 새겨진 해안선사의 오도송(悟道頌)을 설명 해주시지만 우둔한 중생이 그 깊은 뜻을 어찌 알 것인가.

세월을 머금은 채 아름다운 자연과 선조들의 정성이 어울려 이루어 내는 내소사의 그윽한 향기야말로 희망을 잃은 채 방황하며 세파에 낭만을 씻긴 사람들의 가슴을 적셔주고 탐욕에 찌든 악취를 씻어내는 듯하다.

"연못에 비친 달을 보려면 흙탕물을 일으키지 말아야 된다. 물이 흐리면 가라앉기를 기다려야 한다." 돌아오는 차에서 담담하게 말씀하시는 장인에게서 내소사의 향기가 물씬 난다.

물과 바람과 돌에는 체취가 있다. 조각과 그림, 글에도 기운이 발산한다. 이를 느끼며 삶의 의미를 되새겨 본다. 희망을 안고 사랑을 한다. 아름다운 모든 사물의 향기는 사랑의 묘약이요 소생하는 봄이다.

한갓진 여행

오랜만에 여행을 떠났다. 여행사에 맡긴 일정이지만 새로운 기대감으로 가슴 설렌다. 몇 년 동안 노심초사하던 사업을 정리한 끝이라 차창 밖의 풍경이 감미롭다. 해방감을 만끽하며 등받이에 기댄 채 살포시 눈을 감는다.

갑자기 버스 실내 음악 소리가 커지면서 빠른 박자의 업소 메들리로 바뀐다. 귀가 멍하고 머리가 지끈지끈해진다. 조심스럽게 소리를 좀 줄여달라고 운전기사에게 부탁하니 그만 꺼버린다. 미안한 마음에 눈치를 살피는데 아니나 다를까 뒷자리 아줌마 일행 중에서 버스 잘못 탔다는 불만이 터진다.

창밖을 내다보니 어느덧 대전-진주간 고속도로를 달리

고 있다. 처음으로 가보는 길이다. 확 뚫린 도로망에 마음이 넉넉해진다.

해인사 봉황문의 지붕선이 무척 곱다. 사람 모양의 맞배지붕과 새 날개 양식의 처마받침에 건물이 통째로 날아오를 것 같다.

신라 애증왕 때 지은 이 절에는 봉황문, 비로자나불좌상 및 삼존상, 삼층석탑 등 역사적 유물이 많다. 더구나 초등학교 때부터 경이로움의 대상이던 팔만대장경을 볼 수 있다는 사실에 가슴이 두근거린다.

經 · 律 · 論의 불교 경전 총서로 팔만여 판에 팔만사천번뇌에 해당하는 법문을 실었다는 팔만대장경, 경내 장경판고에 보관되어 있는 이 세계 문화유산은 함부로 범접 할 수 없어서 더욱 신비롭다. 세계사상 가장 큰 나라를 이루었던 막강한 몽고군의 침입을 막으려는 고려인들의 처절한 투쟁과 염원이 지금도 혼이 되어 감돌고 있는 것 같아 비장감마저 든다.

왜 우리 조상들은 동네북이 되어 이리저리 침략 질에 찢기기만 했을까. 오죽했으면 불교의 힘에 의지하려 했는가.

지정학적으로 부대끼는 반도국가로서의 운명을 반대로

대륙과 해양세력을 아우르며 통합하는 위치로 만들었다면, 그 후에도 임진왜란을 당하고 청나라에 삼전도의 치욕을 안아야 하고 한일합방으로 나라까지 잃는 일은 없었을 것을….부질없는 생각을 떨치며 내려다 본 계곡의 단풍이 하늘까지 붉게 물들이고 있다.

관광버스는 통영에서 신 거제대교를 지나 구조라 항구로 가다가 슬며시 몽돌해수욕장에 멈춘다. 까만 조막 돌들이 파도에 몸을 실어 흔들어대는 소리가 시끄러운 만큼 상쾌하다.

주위가 소란스러워 돌아보니 한 아주머니가 예쁜 몽돌 몇 개를 주머니에 슬쩍 넣어 오다가 해변 안내원에게 들켰다. 관광객 한 사람이 한 개씩 기념으로 주워가도 몇 년 안에 지금의 해수욕장이 없어진단다. '어이쿠, 나도 십여 년 전에 이곳에서 기념으로 한개 가져갔었는데 도로 제자리에 돌려놓아야 할까보다.' 서둘러 버스 안으로 들어갔다.

유람선 선장의 구수한 해금강 주변 섬 안내 말솜씨와 노래 가락을 들으며 외도에 도착한다.

척박한 바위투성이, 전화도 전기도 선착장도 없어 여덟 가구 주민들이 육지로 나가는 것이 꿈이었던 섬. 그 외도가 지금은 인간이 자연과 함께 만들어 낸 멋진 예술품이 되어 낭만과 사색과 향기를 느끼는 공간이 되었다. 자생 동백나무와 아열대 식물과 조각공원이 어우러진 이국적 환상의 섬을 이루어 낸 한 부부의 애틋한 정성과 지극한 자연 사랑을 그려보다가 눈시울이 붉어진다. 출렁이는 파도소리, 비상하는 바다 새, 세찬바람이 공존하는 이곳은 인간과 자연의 조화로 이루어낸 최고의 아름다움을 보여준다. 이 해상공원은 우리의 귀중한 문화유산으로 영원히 솟아 있을 것이다.

귀향길 관광버스는 시원하게 달리며 창밖의 가을을 뿌린다. 바쁜 일정을 마치는 여행객들의 표정이 평온하다. 이들의 마음속에 팔만대장경, 몽돌, 외도의 모습이 얼마나 자리를 잡고 있을는지….

시름 따위는 외도 앞바다의 갈매기 울음소리에 실려 보내고, 몽돌의 합창에서 삶의 환희를 보았을 것이다. 팔만대장경에 서린 조상의 혼에서는 좌절하지 않는 기백을 느꼈으리라.

여행은 늘 새로움을 주며 생활에 활기를 불어 넣어 마음을 넉넉하게 한다.

여유롭게 좌석에 푹 기대어 잠을 청하는 젊은이, 창밖을 물끄러미 바라보고 있는 노부부, 서로의 손을 잡고 무언가를 속삭이는 젊은 한 쌍, 여행일지를 기록하는 듯 작은 노트에 무언가를 열심히 쓰고 있는 중년의 남자, 일행 모두가 행복한 모습이다.

남은 내 인생여정이 늘 이처럼 한갓지고 풍성한 여행이 되기를 바라면 너무 이기적일까! 모든 사람이 한갓진 삶을 사는 세상을 꿈꾸어본다.

보길도(甫吉島)의 소리

차창 밖으로 싱그러운 5월의 신록이 온 누리에 향기를 뿌리며 포옹한다.

연녹색 이파리에 간간이 섞인 붉은 철쭉의 빛이 오묘한 색감의 조화를 연출하고 있다. 완도에서도 12KM 떨어진 보길도를 향한 관광버스 좌석에 깊숙이 몸을 실었다.

아직 이른 아침이건만 한남대교 남단의 경부고속도로는 초입부터 혼잡하다. 모처럼의 연휴를 즐기려는 차량 행렬이 거북이걸음으로 꿈틀대고 있다. 하지만 버스 전용차선을 달리는 우리는 상대적인 행복감에 잠겨, 가끔씩 끼어드는 승용차들의 위반 행위에도 너그러울 수 있었다.

문득 나의 인생여정에서도 이런 버스 전용 차선처럼 편

리한 길이 있으면 얼마나 좋을까 하는 엉뚱한 생각이 고개를 내민다. 그렇게만 된다면 보다 많은 부와 지위와 시간적인 여유를 누리면서 편리한 인생을 즐길 수 있을 터인데 하는 부질없는 생각을 하는 사이에 버스는 어느덧 호남고속도로에 접어들었다.

나주를 지나 영암에 이르자 거인처럼 우뚝 선 월출산 기암괴석이 반색하며 손짓을 한다. 웅장한 산봉(山峰)의 정취에 취해 탄성을 토하고 나니 피로에 지친 심신에 새로운 생기가 솟는다.

완도대교를 지나 화흥포 선착장에 도착했다. 여기서부터는 은색 비늘처럼 넘실대는 남해의 파도를 가르며 연락선 항해가 시작되었다.

화흥포에서 한 시간 남짓 뱃길을 따라 수면으로 미끄러지니 한산도의 사자바위가 앞길을 막는다. 이순신 장군의 우국충절의 한을 증언이라도 하려는가, 왜구를 꾸짖듯 포효(咆哮)하는 사자상이 나그네를 숙연하게 한다.

보길도는 인구 3천2백여 명에 면적 32평방킬로미터의 섬으로 투명한 물빛의 여러 해수욕장과 남방 특유의 상록

수 숲이 운치를 자아내어 명승지로 널리 알려진 곳이다.

이곳의 사적지 중 글쓴바위는 섬의 동쪽 끝 인가에서도 한참 떨어진 곳에 위치하고 있었다.

조선 중기 이율곡의 이기일원론적(理氣一元論的) 사상을 계승 발전시키며 일생을 주자학 연구에 몰두한 우암(尤庵) 송시열이 제주도로 귀양 가다가 풍랑을 만나 일시 머물며 탄식의 글을 남겨 바위에 새긴 곳이다. 한글로도 풀어 놓아 우리의 이해를 돕는다.

'여든 셋의 늙은 몸이 멀고 찬 푸른 바다 한가운데 있구나
한 마디 말이 무슨 큰 죄이길래 세 번이나 쫓겨나니 궁한 운수로다
북녘 끝 부질없이 임을 우러르며 남녘 바다 바람 잦기만 기다리네
담비갖옷 내리신 옛 은혜에 감격하여 외로운 충정으로 흐느끼네'

파도는 우암의 혼을 위무하려는 듯 글쓴바위를 향하여 출렁대고, 잔뜩 찌푸렸던 날씨는 동백나무 속살로 파고드는 빗방울을 소리 없이 뿌린다.

한때 좌의정에 올라 온갖 부귀영화를 누리며 후학을 기르던 대쪽같던 거유(巨儒) 송시열, 그가 노경(老境)에 이르러 외딴 섬에 유폐된 채 낙조 드리운 하늘을 바라보며 애끓

는 탄식을 하는 모습이 눈에 선하여 나는 빗물인지 눈물인지 모를 물기를 닦아내며 그곳을 떠났다.

세연정(洗然亭)에 다다르니 다시 옛 선비의 멋스러운 금도(襟度)가 내 상념 속에서 너울댄다. 세연정은 고산(孤山) 윤선도가 노후 은퇴하여 십여 년간 머물며 어부사시사를 지은 곳이다.

나무와 바위와 연못으로 어우러진 이곳에서, 속계를 벗어나 자연과 하나가 된 어부의 생활을 사계절로 나누어 우리말에 새로운 의미 구조를 부여하면서 읊었다고 한다.

흥에 겨워 술 한 잔 곁들이며 풍류를 즐기던 노 선비의 체취가 은근히 풍겨 나오는 것 같아서 나 역시 이곳에 써 놓은 어부사시사의 시구를 읽으며 학창 시절의 추억에 잠겨 본다.

"춘풍이 언듯부니 물결이 고이 인다
동호를 바라보며 서호로 가자스라
앞 뫼히 지나가고 뒤 뫼히 나아온다"

윤선도와 송시열은 지금부터 350여 년 전 거의 같은 시대를 살고 간 인물이다. 치열한 당쟁에 휘말려 서로 적대 관계의 입장에 서 있었지만, 다 같이 우리 문학과 학문 발전에 기여한 공적은 지대하다.

당시 정치 파벌 중 남인에 속했던 윤선도는 서인에 속했던 송시열 파에 의하여 수십 년간 유배 생활로 벽지를 전전하다가 이곳에 머물었고, 그 후 송시열도 말년에 남인에 의하여 귀양을 가다가 이 섬에 머물며 글을 남겼다.

이렇듯 애절한 사연을 간직한 보길도는 이곳을 찾는 후손들에게 무엇인가 절실하게 타이르는 것만 같다.

이 세상의 권력 다툼이나 부귀영화라는 것은 한갓 해변에 부딪치는 물결처럼 밀려왔다 밀려가는 덧없는 것임을 은연중에 말해주고 있는지도 모른다. 또한 그 엄청난 패배의 아픔 속에서도 끝내 좌절하지 않고 선비의 절개를 지켜낸 유유자적의 기개와 끈기를 되새겨 보게 한다.

만일 그 때, 서로를 존중하며 이해하여 당쟁을 발전의 계기로 승화 시켰다면 얼마나 좋았을까, 그랬더라면 보다 찬란한 문화적인 결실도 거둘 수 있었을 텐데 하는 아쉬움이 반면교사로 다가왔다.

지금 우리사회는 너무나 개인주의와 집단이기주의 풍조

에 휘 덮여있다.

자신의 연애는 로맨스요 남의 연애는 불륜이라는 편견, 남이 교통질서를 안 지키면 상습적 위반자요, 자신은 부득이 한 경우라고 변명해대는 오늘의 세태가 안타깝다.

정녕 먼저 남을 이해하고 배려하는 마음이 앞선다면 우리 사회에 만연하고 있는 구조적인 갈등과 고질적인 증오는 사라질 것이 아니겠는가.

국제간의 경쟁은 날로 치열의 도를 더해 가는데 그 옛날 당파싸움을 오늘의 정치현실에서 다시 반추해야하니 새삼 씁쓸해지는 마음 가눌 길이 없다.

이 땅의 정치 지도자야말로 이러한 역사의 교훈을 되짚어 보고 보길도의 소리에 귀를 기울여야 하겠다. "서로 싸우지만 말고 화합 협조하면서 먼 미래를 내다보라"는….

어느 뜻 깊은 하루

십일월 초 울긋불긋 치장한 자연의 숨결을 마신다.

문우와 모처럼 야외 나들이에 나섰다. 파란 하늘과 선선한 바람, 기분이 상쾌하다. 굽이굽이 돌아가는 길목마다 단풍에 어우러진 전원주택들이 한 폭의 그림이다.

운전하는 문우가 감탄사를 연발하는 바람에 은근히 안전벨트를 조였다. 그래도 차는 포장된 길을 따라 여정(旅程)을 잘도 달린다.

소나기마을에서 작가 황순원님의 묘역을 참배하며 문학관을 둘러본다. 수숫단 오솔길, 고향의 숲, 들꽃마을 등을 거닐며 작품 속으로 들어간다. 〈소나기〉의 순진무구한 소년, 〈별〉에서 누이에게 심술부리는 철부지 소년이 된다. 〈카인의 후예〉속의 도섭영감이나 박훈의 모습을 그려보고 〈일월〉의 고뇌하는 인철을 떠올린다. 곁의 문우는 작품 속의 사춘기 소녀나 누이 또는 오작녀, 다혜로 변신 된다.

황순원 문학은 향토성 깊은 성장기소설 뿐 아니라 현실의 문제를 직시하며 치열하게 고민한 작품이 많다. 순수성과 완결성의 미학으로 우리 문학사의 한 봉우리를 차지하고 떠난 황순원 작가를 추모하며 소나기 마을을 떠났다.

연꽃으로 유명한 세미원에 들어선다. 삼면이 호수로 둘러싸인 양평의 명소이다. 태극모양의 불이문으로 입장하니 나라사랑뜨란(國思苑)이 눈길을 끈다. 한반도와 천지를 형상화 한 연못이 있고 근처에 광개토대왕비와 남이장군 조각을 세웠다. 팔괘담 옆에는 태극문양 전시와 더불어 이승만 건국 대통령의 자연사랑 말씀이 새겨져 있다. 우리내 징검다리를 건너니 장독대에서 분수가 뿜어 나온다. 사발에 정한수를 떠놓고 기원하던 옛 어머니들의 모습이 어른거린다. 장독대는 살림의 밑천이었다.

빨래판으로 조각된 길을 따라 넓게 퍼진 연못에는 헤아릴 수 없이 많은 빛바랜 연꽃들이 가득 차 있다. 생을 다한 연잎과 꽃들이 애잔하다. 지난여름에는 얼마나 아름다웠을까. 연못 곳곳에는 시가 걸려 있다. 정호승의 시 '외로우니까 사람이다'와 박문재의 '세미원에 가면' 시를 읽는다.

배다리 열수주교를 건너 두물머리로 향한다. 예로부터 이어온 부교 방식을 재현했다. 바람이 부니 물결 따라 다리가 기우뚱거린다. 난간에는 용이나 호랑이 문양의 장군 깃발들이 꽂혀있고, 양 입구에 세워진 옛 글씨체 통행수칙이 한결 해학적 분위기를 띄운다.

두물머리에 서서 강물을 본다. 한반도의 허리를 관통하는 남한강과 북한강이 합쳐져서 거대한 물줄기를 만들며 서해로 흘러간다. 물안개가 오르는 넓은 강 복판에 전설을 머금은 뱀섬이 떠 있다. 물가를 따라 수양버들과 갈대가 바람에 흩어진다. 사백년 수령의 느티나무와 땅 위에 놓인 돛단배가 이곳의 역사를 말한다. 멀리 강원도로 부터 물길 따라 뗏목과 통나무를 운반하며 이곳 나루에서 하루를 쉬어가던 곳이다. 사랑과 이별, 새로운 만남과 추억의 그리움을 간직한 곳이기도 하다.

다정하게 팔짱을 낀 중년 남녀, 자전거를 타고 온 젊은이, 아이들의 손을 잡은 젊은 부부들 모두가 늦가을의 풍광에 몰입 되어 있다. 스산한 가을바람에 머리카락을 나부끼며 혼자 걷기에는 아무래도 너무 외로울 것 같다.

강물은 말이 없다. 온갖 풍상과 사연을 간직한 채 그저 묵묵히 흘러간다. 한자리에 머물지 않고 넓은 바다를 향하여 쉬지 않고 흘러간다. 인생도 마찬가지다. 일상의 모든 것, 여유까지도 물처럼 흘러간다.

삼세계호지가(三世繼孝之家)의 편액이 걸린 정자에서 수필 합평을 한다. 아름다운 자연과 호흡을 하며 문학을 말하는 시간, 화룡점정이다. 역사는 몇 사람의 주역만을 조명하고 철학은 현실 아닌 관념을 논하지만 문학은 인간의 삶을 가장 의미 있게 가장 생생하게 형상화 한 예술이다. 살아가는 예지와 감성을 풍부하고 세련되게 해준다.

세미원에서의 합평은 새로운 열망을 안겨주며 생각의 지평을 넓힌다. 하루를 함께 보낸 문우들의 얼굴에도 염화시중의 미소가 떠오른다.

마음을 씻고 아름답게 하라는 뜻의 세미원은 단순한 연꽃 공원이 아니다. 단군신화와 태극기 속에 담긴 우리 민족의 얼을 터득하는 곳이요 인간의 보편적 가치 실천을 다짐하는 장소다. 신과 인간, 자연과 인간이 둘이 아니고 하나라는 자연 철학의 배움터이다. 대륙 지향적 민족정신을 일깨우며 겸손과 효를 가르친다. 세미원의 뜻이 문학의 지향점과 같다는 생각이 든다.

산 너머 지는 석양빛을 바라보며 마시는 한 잔의 연잎 차에 소나기 마을이 담겨지고 두물머리 시린 사랑이 어른거리며 문우 얼굴이 겹쳐 비쳐진다.

설악산에서의 만남

삼십 여년만의 설악산 정상 등정은 녹녹하지 않았다.

한계령 등산길이 전국각지에서 찾아온 관광객들 때문에 명절날 고속도로 차량행렬처럼 막혀버리는 통에 초반부터 일정에 차질을 빚었고 진이 빠졌다.

무심한 세월 따라 패인 이마의 주름처럼 흙과 관목들이 씻겨나가 삐죽삐죽 튀어나온 등성의 바위 길도 한층 애를 먹였다.

“먼저 내려간다. 용대리에서 만나자.” 회장이 앞서 등정한 몇 사람과 함께 하산을 서둘렀다. 늦게 도착한 일행은 각자 가지고 온 점심을 함께 나누기 시작했다. 회장의 독선을 불평하기에는 너무 지쳐 있었다.

중청봉에서 소청봉으로 가는 길은 잘 다듬어진 돌계단 길이어서 새벽부터 여덟 시간여의 산행으로 탈진하다시피 한 우리에게는 무척 다행이었다.

멀리 내려다보이는 공룡능선의 빼어난 경관에 기운을 북돋우면서 한 시간을 내려가니 기암절벽의 병풍에 둘러싸인 봉정암이 눈에 들어온다. 마침 백일기도 기간이라서인지 염불소리도 없이 적막하다.

화려하지 않고 오히려 초라해 보이는 법당 주변은 하늘과 산의 정기가 맴돌아 내려앉는 듯 기묘하고 경건한 느낌을 준다.

웬만한 사연과 소원은 부처님이 다 들어 줄 듯도 싶은 이곳에서 소모된 체력을 회복할 겸 참배를 하고 싶었으나 그럴만한 여유가 없다. 도착지인 백담사에 해거름까지 가려면 부지런을 떨어야 한다. 봉정암에서 백담사까지 10.7킬로미터, 거기에서 다시 버스를 타고 나가 용대리 터미널에서 다른 코스의 일행과 합류한다.

“조금만 더 빨리 갑시다. 오색 팀은 지금쯤 하산해서 주차장으로 가고 있을거요.” 앞서가는 대장의 마음이 급하다. 대청봉에서 오색으로 하산하자는 회장의 계획을 거부하고 백담사 코스를 택한 장본인이기에 늦을 경우 쏟아질 회장의 군소리가 싫은 것이다. “걱정하지 마, 나 때문에 늦었다고 해.” 동행한 친구가 대꾸한다.

산길이 이렇듯 힘든 줄이야! 한참 기를 쓰고 걸었는데도 이정표는 우리를 놀리듯 불과 2킬로미터를 지났다고 알려준다. 휴대폰 배터리는 모두 소모되어 시간을 가늠하기가 힘들고 산악 무전기마저 연락 두절되는 바람에 정신과 육체의 피로가 한계점을 넘어섰다.

백담계곡 곳곳에는 해와 달이 하나가 되어 빚은 화려한 기암괴석과, 선녀들이 물안개를 타며 노니는 절경이 펼쳐져 있지만 그 아름다움을 눈여겨 볼 여유조차 없다.

“부처님이 안 계시면 이렇게 힘든 여기를 왜 오는가? 부처님 뵈려고 오지.” 길옆에 할머니 두 분이 쉬면서 나누는 이야기가 귀에 솔깃하게 흘러든다.

이즈음 밤을 지새우는 날이 많았다. 내 존재가치를 찾지 못하는 외로움의 커튼을 두텁게 드리운 나날이었다. 불경에 諸行無常, 諸法無我라고 했거늘, 던지지 못하는 무지를 자책하였다. 할머니의 대화에 숙연해진다. 아마도 저 할머니들은 모든 고민을 털어 버렸는지도 모른다는 생각을 하며 발걸음을 재촉한다.

가도 가도 끝나지 않아 주저앉고 싶도록 지루하던 길이 어둑한 사위에 선명하게 비쳐지는 백담사 불빛을 바라보며 끝났다. 그리고 두 시간을 더 기다려서 탄 셔틀버스는 불빛조차 없는 캄캄한 밤을 빠르게 달렸다.

터미널에 들어서자 갑자기 박수 소리가 요란하다. 기다리던 일행이 버스에서 내리는 우리에게 손을 흔든다. 거의 네 시간을 기다려 짜증이 났음 직 하건만 모두 활짝 웃고 있다. 회장은 두 손을 맞잡으며 수고했다 소리를 연발한다. 가장 애를 태우며 안절부절 했다고 누가 넌지시 귀띔한다.

설악산 등산이 힘들고 고달프기만 한 것은 아니었다.

인내와 극기의 숨결이요, 의지와 신념으로 도전하는 길이었다. 그렇게나 짓누르던 세파의 무력감은 넓은 자연의 품으로 던져버렸다.

서로를 아우르는 진정한 가슴의 확인이요 만남이었다.

자신감으로 재충전한 활력의 길로 귀로 버스는 힘차게 달린다.

신의 배려

검은 눈동자가 유달리 크고 맑았다. 깊은 바다의 적막처럼 고요한 눈 속에 얼핏 갈매기의 날개 짓이 느껴졌다. 사거리 부동산 중개업소를 운영하는 그의 첫 인상이었다.

이 동네는 애초 택지개발계획으로 이루어진 서울에서 가까운 수도권에 위치하고 있다. 시원하게 뚫린 도로 사이에 상가와 다가구 개인주택들이 오밀조밀 균형을 이루고 자그마한 공원도 품고 있어 주거지역으로는 그런대로 합격점을 받을 만한 곳이다. 산새 지저귐에 눈을 뜨고 베란다 창문으로 배롱나무 꽃향기가 스며드는 이곳에 터전을 마련한 것은 서울 생활의 버거움을 벗어나고픈 도피처로써였다. 처음에는 너무나 생소하여 아득하기까지 하였던 곳. 주변의 아파트 숲은 삼사층의 고만고만한 주택단지를 깔보며 내려다보는 듯 했고, 바둑판처럼 반듯한 이차선 도로에는 주차 차들만 가득하고 왕래하는 사람이 거의 보이지 않았다. 서울 강남의 복잡함에 익숙한 나에게는 낯선 풍경이었다. 가로등에 설치된 CCTV가 집 앞을 정면으로 비추고 있는데도 밤에는 도둑이나 불량배가 침입이라도 할까봐 신경이 확장 되는 나날이었다. 마음을 추스르며 하루 속히 지역에 익숙하고 싶어 찾아간 곳이 집 앞 도로 건너 그녀의 중개업소였다.

이름도 생소한 경피증, 그 중에서도 가장 심각하다는 '전신성 경화증'으로 10년을 앓고 있는 딸의 이야기를 꺼내며 그녀는 아주 미세하게 떨었다. 불쑥 나타난 이방인의 존재에 부담감이 사라진 후부터 몇 번이고 탐색하는 노루 눈 같은 시선을 던진 끝이었다. 대학교 일 학년이 지날 무렵 심한 피로를 동반하며 발병이 된 딸은 이듬해에는 학교를 휴학하고 온 몸의 조직과 세포가 굳어가는 희귀병과 싸우기 시작했다. 젊은이에게 더 치명적인 불치병. 몇 년 후에는 극심한 통증으로 발가락 2개를 절단하게 되고 죽과 우유로 식사를 대신했다. 나날이 굳어가는 키 170센티미터의 건장하던 딸을 병구완하기에 너무도 힘이 부친 그녀는 남편과 역할을 바꿀 수밖에 없었다. 남편은 직장을 그만두고 전적으로 딸의 간병에 매달렸고 그녀는 직업 전선에 뛰어들었다.

십 여 년 전, 나에게도 악몽 같은 시간이 있었다. 갑자기 냄새와 맛을 잃어버린 것이다. 의사들은 병의 원인도 치료방법도 설명하지 못하고 나름대로의 임상실험을 했지만 하루 종일 머리가 썩어가는 것 같은 두통은 쉽게 가라앉지 않았다. 기적같이 모든 증상이 시나브로 회복되기 시작한건 막막함과 절망감에 몸부림치던 삼년 세월이 지나면서 부터였다.

현대의학의 사각지대, 신은 의사들에게 얼마큼의 권능을 부여한 것인가.

난치의 병에 걸린 사람들에게 다가오는 민간요법이나 구원의 손길, 지푸라기라도 잡는 심정으로 무엇이든 다 해보려는 갈구 끝은 깊은 허무와 실망만 안겨 줄 뿐이었다. 간혹 전도를 온 일부 종교인이 그들의 교리를 내세워 믿음을 강박하거나 무심한 말을 했을 때, 몸 하나 움직이기 어려운 딸은 더욱 슬피 울었다고 한다.

니체가 말한 '신은 죽었다'는 어떤 의미인가요? 왜 우리

가족에게 이런 형벌이 내려지나요, 무엇을 잘못 했나요. 신은 벌써 죽었나 봐요. 그녀의 창백한 얼굴에 눈물방울이 흐른다.

딸은 왼손가락 세 개와 두 무릎 밑을 다시 절단해야했다. 그리고 길어야 2개월 시한부 인생임을 통보 받았다. 그러자 변화가 찾아왔다. 지금까지 세상을 등진 채 혼자서 공포에 떨며 자학하던 딸이 세상 밖으로 나온 것이다. 비록 앉혀주고 부축해야 하지만 잠깐씩이나마 컴퓨터에 글을 쓰고 카톡과 트위터를 통하여 자기를 알렸다. 잠 잘 잔 후 목발을 집고라도 걸으며 아이스크림을 먹을 수 있는 것이 소원이라고 아픔을 밝혔다. 수많은 위로의 댓글이 인터넷에 올라오고 각지에서 편지가 오기 시작했다. 삶과 죽음을 늘 생각하는 사람에게는 따듯한 말 한마디, 위로의 편지 한 통이 밤하늘에 반짝이는 별이 되었다. 낯선 이가 보내준 한 장의 사진에도 감동의 눈물이 쏟아졌다.

성철 스님의 "아무것도 믿지 말라. 삶과 죽음이 똑같다." 라는 말씀이 마음에 닿았다. 해인 수녀님이 보내준 시집에서 '감사만이 꽃길입니다./누구도 다치지 않고 /걸어가는/ 향기 나는 길입니다./ 감사만이 보석입니다.'를 몇 번이고 읽으며 고마움의 답장도 보냈다.

육신은 비록 마음대로 할 수 없지만 아직까지 신이 유일하게 허락한 정신으로 자유로워지고 소통을 하며 지구별에서 천국을 얻는 방법을 찾아냈다. 지금까지 느끼지 못한 인생의 의미를 깨달은 것이다.

딸의 변화에 다시 실 끝을 놓지 못하던 그녀의 사무실이 며칠 동안 문을 닫았다. 아마도 딸이 영원히 자유로워졌나보다. 눈은 기증 되었을까? 하도 울어서 각막은 깨끗할 테니까 착한사람이 대신 세상 보기를 바랐다는데……. 소원대로 육신은 재가 되어 바람결에 날려 졌겠지.

굼틀대는 분노를 누르고 모든 것을 체념한, 아니 놓아버린 그녀의 맑고 슬픈 눈망울이 자꾸만 어른거린다.

어느새 온 동네에 벗 꽃이 활짝 피었다.

황포돛배

도자기와 쌀로 귀에 익숙한 곳. 전철 개통으로 한결 가까워진 서울 근교 여주에 마음이 실렸다. 여주는 예로부터 육로와 강을 따라 서울과 교류가 빈번하고 유적이 많은 곳이다. 신륵사와 세종대왕릉을 보기위한 모처럼의 나들이다.

여주대교를 건너니 금방 신륵사에 이른다. 도자기 축제가 끝난 평일이어서인지 주변이 무척 한가롭다. "행복 사세요." 매표소 옆에서 엿장수 아주머니가 반갑게 인사 한다. 신륵사는 봉황이 날아든다는 나지막한 봉미산 남쪽 기슭에 자리 잡은 널찍한 공원 기분이 드는 절이다. 원효대사가 아홉 마리의 용이 승천한 연못에 지었다는 전설을 품고 있다.

가람의 형식도 파격적이다. 일주문 다음에 사천왕문, 불이문도 없이 곧바로 대웅보전이다.

고려 말 나옹선사가 입적한 곳이요 유일하게 강변에 지은 절이기도 하다. 나옹선사는 13세기 고려 말 시대 고승이다. 그는 홍건적을 불력으로 물리치며 현실 참여와 실천의 선으로 지혜의 완성을 추구하였다. 대중교화에 힘써 우리나라 중세 불교를 이끌었고 그 맥을 무학대사가 잇는다. 나옹선사가 입적한 지 백여 년 후 신륵사는 강남구에서 옮겨진 영릉의 원찰(願刹)이 되어 중건되었다.

가람 마당 남쪽에 여강(남한강)이 흐른다. 미인의 옷깃처럼 부드럽게 시내를 감싸 안으며 두물머리로 흘러 북한강을 만난다. 강바람이 강월헌 정자를 휘돌아 삼층석탑에서 탑돌이 한다.

컴퓨터 이용에 최고로 효율적인 문자, 하늘과 땅과 사람을 형상화하고 발성기관(牙, 舌, 脣, 齒, 喉) 모양을 본뜬 세계에서 가장 과학적인 한글(訓民正音)을 창제하신 세종대왕의 자취를 찾았다.

입구부터 해시계, 자격루, 관천대, 측우기, 혼천의 등 천문과학기구들의 모형이 전시되어 당대의 자랑스러운 역사를 알린다. 동상을 뒤로 하고 홍살문을 지나 정자각에 이르니 웅장한 영릉(英陵)의 모습이 올려 보인다. 세종대왕과 소헌왕후를 합장한 능이다.

'너희는 어찌 설총만 올바르다고 하고 나의 말은 가볍게 대하는가! 우리 백성들이 중국문자를 잘 쓰지 못하여 뜻을 펴지 못하는 사실을 아는가?' 신하에게 호통 치는 세종대왕의 모습이 뭉게구름 되어 하늘에 떠 있다.

경건한 마음으로 삼배를 올린다. 시원한 바람 한줄기에 뙤약볕도 숨을 고른다. 세종대왕의 업적은 말할 수 없을 정도로 위대하다. 백성들을 위하여 한글을 창제하고 농사직설 등 수 많은 책 발간 및 과학발전에 심혈을 기울였으며 4군6진을 개척 국경을 획정지어 우리 민족의 정체성을 확립한 성군이다.

지난 봄 서유럽여행을 통하여 선진 문명을 만날 기회를 가졌다. 고색 찬란한 고대 문화 유적의 규모와 아름다움에 찬탄을 금치 못했다. 중세 암흑시대에 싹트기 시작한 르네상스운동은 인문주의 꽃으로 활짝 피어 있었다. 전쟁과 신으로부터 벗어나려는 염원이 문화 예술로 승화하며 세계를 제패하는 원력이 된 것이다

서양과 다른 형태지만 여주에서 우리의 르네상스를 만나게 되니 감회가 새롭다. 15세기에 우리도 문화 융성 계기를 만들었던 것이다. 백성을 위한 그 기운이 보다 깊게 생활속으로 파고들었다면 하는 아쉬움이 인다. 불행히도 당파싸움과 고루한 유학사상에 빠져 기회를 놓치고 세계 조류에서 후퇴하였으니 얼마나 안타까운 일인가!

모든 인연이나 운명에 명암이 존재함은 우주 생성원리인가보다. 나라의 흥망성쇠나 인간의 번뇌도 마찬가지일 것이다.

중생에게 희망을 나누던 나옹대사는 그 인기 때문에 귀양 가는 도중에 생을 마감한다. 세종대왕은 임금의 신분에도 사랑하는 소헌왕후의 부친인 장인의 억울함을 구하지 못하고 죽음에 이르게 한다. 후계자를 잘못 세워 후일 단종애사의 비극을 초래한다.

물그림자에 아롱대는 저녁노을 빛이 참으로 아름답다.

인연이란 무엇인가! 삶과 죽음 사이의 구름다리가 아닐는지.

나옹선사는 사랑도 미움도 성냄도 탐욕도 벗어놓고 물같이 바람같이 살다가 가라한다.

세월은 강물처럼 쉼 없이 흐르며 삼라만상이 변하고 사람의 자취는 빛과 그림자 되어 역사로 남는다.

역사의 증인인양 황포돛배 한척이 강심에 한가롭다.

용마산의 잠자리

먹구름으로 덮인 하늘이 가랑비를 오락가락 뿜어댄다.

지구 온난화의 몸살이 일상이 된 듯 긴 장마에 이은 폭염, 국지성 집중 호우, 강에는 녹조, 바다에는 적조현상으로 삶에 균열이 생긴 사람들의 한숨 소리가 높다. 기후뿐만 아니라 탐욕으로 인한 삶의 수난도 깊다.

지하철을 몇 번 갈아탄 후 아차산을 오른다.

바위 등성이를 한참 올라 온 몸이 땀으로 흠뻑 젖을 무렵 때마침 정자가 보인다. 종전의 팔각정을 허물고 수년 전에 새로 지었다는 쉼터 고구려정이다. 처마 단청 등이 예사롭지 않아 보여 안내판을 읽는다. 자재는 삼백년 이상의 금강

송을 썼고 평양의 안학궁터와 쌍용총 강서종묘등의 고분벽화 문양을 참고하여 남한에서는 최초로 당시 건축양식을 재현한 고구려 건물이라고 한다. 배흘림식 양식의 불룩한 기둥을 안고 비로소 반겨 맞는 바람의 시원함에 가슴을 풀어헤친다.

아차산 5보루 곁에는 명품 소나무 두 그루가 자태를 뽐낸다. 몇 갈래로 나누어 퍼진 줄기 끝에 짙푸른 잎들이 먼 하늘을 바라보고 있다. 혹시 이곳이 온달장군과 평강공주가 사랑을 나누던 곳인가! 사랑의 속삭임이 남부끄러워 천년이 훨씬 지난 지금도 허리를 비튼 체 짐짓 고개를 돌렸을까. 나이테에 간직한 페로몬 향 때문에 근처의 소나무들과는 달리 잎에 윤기가 나는지도 모른다. 몇 발자국 옆의 제2명품 소나무 그늘에서는 호위무사와 시녀가 눈을 마주쳤을 것이다.

전설의 상상에서 벗어나 대성암 쪽으로 발길을 돌린다. 굽이굽이 흐르는 한강에는 남북으로 연결된 강동대교와 암사대교가 한가롭다. 조정경기장 너머로 생음악 카페의 미사리가 그림 같이 펼쳐지고 멀리는 검단산과 예봉산, 운길산이 병풍처럼 둘러있다.

음습한 날씨 탓인지 대성암에는 적막만 흐른다. 불당에

도 승방에서도 기척이 없다. 문득 옛 선조들의 함성과 절규가 바람결에 들려오는 듯하다.

한강은 한반도 우리 민족의 중심 터전이다. 삼국시대에도 고구려 신라 백제가 서로 뺏고 뺏기는 각축장이었다. 아차산에는 백제의 아차산성과 고구려의 보루들이 뒤엉켜 있다. 삶의 젖줄을 확보하기 위한 최대의 거점이던 이곳에 얼마나 많은 애환이 서려 있을까. 백제의 개로왕이 처형당하고 고구려의 온달장군이 전사한 곳이다.

등산길 옆에 새겨진 박하린의 시를 떠올린다.

「아차산의 전설」

- 전략 -

전쟁과 살육 / 사랑 가슴앓이
예나 지금이나 / 변한 건 하나 없는데
인간사 부질없다 / 세상일 본 듯 못 본 듯 아리수
아차산 구비 돌아 / 무심한 듯 흘러내리네

대성암 뒤 십여 미터의 급경사 바윗길을 올라 아차산 4보루에 도달한다. 유적지를 꽃밭으로 가꾸어 아름다운 전망대로 꾸며 놓은 여기가 아차산 정상이다.

긴 의자에 앉아 김밥을 먹는다. 산비둘기 몇 마리가 발치에서 깡충대고 들 고양이가 눈치를 보며 서성댄다. 아이스케이크 장사가 무료한 듯 하품을 하며 물끄러미 쳐다본다. "아, 나오니까 좋다. 그런데 평일인데도 젊은 사람이 많네. 할 일 없는 사람들이 너무 많은가봐." 어느 등산객이 혼잣말을 한다. 경기불황과 하우스푸어의 짙은 그림자에 많은 사람이 한숨을 짓는다. 산비둘기들은 어느새 숲속으로 날아들고 일순 산그늘에 적막이 감돈다.

아차산의 유래를 떠올린다. 조선 명종 때 점 잘 치기로 이름난 홍계관이 궤짝의 쥐 숫자를 맞히고도 이곳 사형장에서 형을 당하여 '아차'하고 탄식하여 붙여졌다는 산 이름. 신점의 홍계관도 스스로의 운명은 몰랐던 것 아닌가.

아차산과 잇단 용마산에 오른다. 정상에는 측량 삼각점 표지판이 설치되어 있고 높이가 348미터임을 알려준다. 아차산을 내려다보는 장군의 지휘소였기에 용마산으로 불리지 않았을까 짐작해 본다.

어느새 빠끔히 열린 하늘에서 화살처럼 꽂히는 햇빛 사이로 밀잠자리 몇 마리가 손에 잡힐 듯 날아다닌다. 잠자리를 보면 괜히 기분이 좋다. 어릴 때에도 나비나 매미보다는 잠자리를 잡아 노는 것이 더 신 났다. 특히 왕 잠자리를 잡으면 천하를 얻은 듯 으쓱하여 몸통에 실을 매어 달고 달음박질을 하였다. 왕잠자리 수컷의 배에 호박 꽃가루를 묻히면 암컷으로 착각한 다른 수컷들이 달려드는 것이 그렇게 즐거울 수가 없었다. 잠자리는 마음껏 하늘을 날고 싶은 꿈의 상징이었다.

아차산과 용마산 곳곳에 삶의 자취가 묻어있다. 전쟁과 사랑 이별 등 지난한 인생의 숨결을 간직하고 있다.

오늘도 묵묵히 역사를 품어가는 용마산. 산마루 하늘을 맴도는 잠자리 날개에 모든 시름을 실어 날려 보내고 싶다.

박목월님의 시 「산 노루」를 읊으며 긴 고랑 계곡을 내려간다.

머언 산 청운사 / 낡은 기와집
산은 자하산 / 봄 눈 녹으면
느릅나무/ 속잎 피는 열두 구비를
청노루 / 맑은 눈에 / 도는 / 구름

제5장 더불어 살아가기

과자를 즐기는 비둘기

'사람은 자연보호 자연은 사람보호'라는 구호가 산등성이마다 걸려있던 때가 있었다. 비록 가난하여 끼니 걱정을 하던 시절이었지만, 빠른 공업화 과정에서 피폐해져가는 산과 들을 보존하자는 운동을 국책으로 전개하며 환경의 중요성을 일깨우던 대표적 홍보 슬로건이었다.

반세기가 지난 지금은 멧돼지 등 야생동물들에 의한 농작물 피해가 걱정거리가 되고 한강 중류에는 황복이 다시 찾아 왔으며 도심 하천에서도 물고기가 뛰어놀 만큼 환경이 좋아졌다. 전국 어디서나 잘 정비된 푸른 숲과 하천을 보면서 구슬땀을 흘리던 식목행사와 하천 정비 사업 장면을 떠올리며 감회에 젖는다.

버스 정류장에 많은 사람들이 북적인다. 때마침 하교시간이라 학생들의 발랄한 웃음이 차도의 소음을 잠재운다.

'푸드득'하는 소리와 더불어 갑작스러운 날갯짓에 놀란 여학생이 엄마! 하고 비명을 지른다. 중년여인이 과자를 뿌리자 어느 틈에 비둘기 몇 마리가 내려앉아 사람을 아랑곳하지 않고 쪼아 먹는다.

인근 공원의 벤치에 앉아서 주면 훨씬 더 운치가 있을 것을 하필이면 버스 정류장에서 모이를 줄까!

여인은 계속 조금씩 과자를 던지면서도 무표정하다. 기분 좋은 미소라도 짓거나 소리라도 냄직 하건만 무덤덤한 얼굴이다. 무슨 사연일까…. 전에 보았던 영화 〈나 홀로 집에〉의 비둘기 장면이 연상 된다. 영화 속에서는 세파에 시달려 외부와 소통을 두려워하는 여인이 비둘기를 친구삼아 공원에서 홀로 살고 있다. 무감각하고 냉소적인 그의 가슴에 온기를 불어 넣은 것은 천진난만한 소년과의 대화였다. 여인과 교류하던 비둘기 떼로 소년을 괴롭히는 도둑을 혼내주는 장면은 압권이었다.

빈 과자 봉지를 쓰레기통에 버린 여인은 버스를 타고 훌쩍 떠났다. 그 자리에는 어느새 십여 마리로 늘어난 비둘기들이 종종거리며 얼마 남지 않은 과자를 혼란스럽게 먹어

치우고 있다.

비둘기는 성질이 온순하고 사람을 잘 따라 예로부터 평화의 상징이었고 귀소성이 좋아 통신수단으로도 이용되었다. 성서에서도 노아의 홍수 때 비둘기가 물어온 올리브 가지를 보고 비가 그쳐 땅이 드러나 있음을 알았고, 그리스도가 세례를 받는 동안 성령이 비둘기로 나타났다고 기록되어있다.

이렇듯 친숙하던 비둘기가 어느 틈에 해조로 분류되어 먹이주기를 금지하고 포획하는 방안을 검토하고 있다고 한다. 산성이 강한 배설물이 도시의 건축물과 문화재, 동상 등을 부식시키고 진균류의 질병을 옮기기 때문에 개체수를 줄여야한다는 것이다.

정이 많음은 우리민족의 유전자적 특성인지도 모른다. 유달리 혈연 지연 학연 등의 인연을 중시하는 것도 이 때문일 것이다. 정은 허물을 감싸기도 하고 관대한 아름다움일 수도 있지만 지나쳐 눈살을 찌푸릴 때도 많다. 남이 보든 말든 땅을 치며 큰소리로 울부짖는 행동, 동병상련의 무리로 떼를 부리는 행위 등은 다른 나라에서는 거의 보기 드문 우리만의 특징이 아닐까 싶다. 은연중의 정서적 보상심리가 지나친 행동으로 나타 날 때는 고유의 장점이 폐해가 되는 것이다.

버스정류장에서 비둘기에게 과자를 주던 아주머니도 정 많은 우리의 이웃일 것이다. 그녀는 마음의 응어리를 비둘기에 대한 사랑으로 풀려고 했을지도 모른다. 비둘기에 모이를 주면 안 되고, 더구나 버스를 기다리는 많은 사람들 중에는 조류 알레르기가 있거나 놀랄 수도 있을 것이라는 생각은 안했을 것이다.

세월은 모든 것을 변화시킨다. 사상과 이념과 학문은 물론 바위와 물과 바람도 바뀐다. 자연은 이 모든 변화를 묵묵히 받아드리며 법칙을 지킨다. 사람만이 재빠르게 이해득실을 따지며 민감하게 반응한다. 일부 권력자들은 이 세상 어느 것도 완전할 수 없다는 진리를 외면한 채 오로지 그들만이 선이요 정의의 화신인양 과신하며 묵묵히 살아가는 서민들 걱정을 이용한다.

사람의 과보호에서 벗어난 비둘기는 자연의 품으로 돌아가 잡곡류나 파리 등을 먹으며 살아 갈 것이다. 인간의 이기심을 원망하지도 않을 것이다.

옛 기록에도 나오듯 정 많고 흥 많은 우리의 풍부한 감성이 과자에 길들여지는 비둘기가 되어서는 큰일이다. 비둘기와 함께 자연의 본성으로 돌아가 겸허해져야 되지 않을까! '사람은 자연 보호 자연은 사람보호'라는 상생의 의미를 절실히 되새겨봐야겠다.

광복절의 햇살

해가 갈수록 늦더위가 기승을 부린다. 집집마다 게양된 태극기들이 축 늘어져 더위를 맞이하고 있다. 을유년 이날의 날씨는 어땠을까. 올 광복절 아침은 뜨거운 햇살과 함께 시작 되었다.

TV에서 기념식을 중계하고 있다. 선열들의 피눈물로 되찾은 이 나라가 이념으로 분열되고 불법이 판을 치고 있어 개탄스럽다는 광복회장의 인사말에 이어 대통령은 모두 화합하여 세계사의 주역으로 거듭나자고 호소한다.

세월 따라 광복의 감격은 점차 퇴색되어가고 남북이 분단된 채 역사적 의미도 달라지고 있다. 이제 머지않아 이승을 하직하여야 하는 노 애국자의 회한어린 나라 걱정이 화면에서 한참 머물다가 흩어진다.

육칠십 년대만해도 광복절의 의미는 컸다. 중고학생들은 학교에 가서 기념식을 올렸다. 방학 중에 학교 가는 일이 성가셨지만 '흙 다시 만져보자, 바닷물도 춤을 춘다.'로 시작하는 광복절 노래를 감격스럽게 부르며 나라 사랑을 다짐했었다. 만일 지금이라면 시대착오적 독재국가의 발상이라고 엄청난 비난을 받을 것이지만.

끼니 걱정이 없어지면서부터 국가의 존엄보다 개인의 권리가 앞서게 되는 경향은 역사의 필연적 과정인지도 모른다. 민주화가 급속히 이루어지면서 개인이 누리는 자유는 무척 넓어졌지만 이해집단으로 결집한 이기주의가 국가 공권력을 얕잡아보려는 경우가 비일비재하게 되었다. 집단권력화 된 요구는 그 과정에서 다른 권리의 희생을 밟고 넘어가려한다.

법과 질서가 지켜져야 하고 공권력이 존중되어야 한다는 기본 원칙이 매몰된다면 어찌 선진국의 문턱을 넘을 것인가!

납득할 수 없는 현행법은 지키지 않아도 된다고 부추기고, 또 정의가 패배하고 불의가 득세한 나라로 스스로를 비하하는 어처구니없는 경직된 이념의 시대, 감성적 선동에 휩쓸려 거리낌 없이 비이성적 시위에 참여하는 냉철하지 못한 일부 국민들, 또 이들을 설득하지도 못 하는 우유부단한 지금의 국가 권력을 보며, 어느 칼럼니스트는 "우리의 한계인가 보다. 현재까지 이룬 우리의 국력이 제자리에 머물기만 해도 좋겠다. 제발 더 이하로 떨어지지 말기를 빌 뿐이다." 라고 토로한다. 나라가 나락으로 떨어져 다시 광복을 외치게 된다면 개인이나 집단의 이해가 무슨 소용인가.

잠실 종합 운동장 보조경기장, 어림잡아서 거의 만여 명의 관객이 내뿜는 열기가 이제 막 스러져가는 태양을 녹이고 있다.

서태지의 콘서트가 열리고 있는 이곳은 커다란 축제의 장이다. 대부분 이 삼십대인 청년들이 가수와 하나가 되어 자기들의 공통 언어로 공감대를 이루며 목이 터져라 열광한다. 사랑하는 사람들이나 낯선 사람들이나 개의치 아니하고 하나가 된다.

'발해를 꿈꾸며' 노랫말을 만든 자긍심의 음악가와 함께 광복절 기념축제를 즐긴다.

이 젊은이들은 두고두고 오늘을 추억하며 더불어 광복절의 의미를 깊이 새길 것이다.

젊은이들의 활기를 듬뿍 마시고 집에 오니 윤동주 시인의 일대기가 방영되고 있다. 감옥에서 생체실험을 당하여 죽음에 이르렀다는 의혹을 끈질기게 파헤치는 어느 일본인의 집념이 감동을 준다. 국적을 초월하여 윤동주님에 관한 책은 모두 수집하여 소장하고 그의 시를 줄줄이 외우고 있다고 결연히 말한다.

안중근 의사의 용기를 칭송하며 행적을 연구 기록하는 모임도 있다고 하니 그러한 일본인들의 태도는 여러모로 화두를 던져주고 있다.

정녕 극일을 위한 우리의 마음가짐은 어떤 것이어야 할까…

죽는 날까지 하늘을 우러러
한 점 부끄럼 없기를,
잎 새에 이는 바람에도
나는 괴로워했다.
- 중략 -

임의 서시가 조용히 낭독된다.

여름의 햇살은 우리를 지치게 하고 짜증을 불러오기도

한다. 그러나 따가운 볕이 없으면 어찌 곡식 알갱이가 여물 수 있겠는가!

무더운 날을 너무 걱정 하지 않아도 좋을 것 같다. 우리 젊은이들의 순수한 활력과 열정이 넘치고, 태극기가 집집마다 게양되는 국민정신이 살아 있는 한 어떤 고난도 이겨 낼 것이다.

어느덧 창밖에는 별들이 반짝 거리며 내일의 햇살을 기다리고 있다.

나라 말씀이 이루고저 할 때

이십일 세기에 들어서면서 세상이 많이 변하고 있다. 지구촌에서 일어나는 크고 작은 일들이 불과 수 초 만에 인공위성을 통하여 온 세계로 생생하게 화상 전달된다. 뉴욕 증시 변동 상황은 우리나라의 증권시장에 즉각적 반응을 일으킨다. 컴퓨터라는 문명 이기를 매개체로 하여 국내외의 친척들은 물론 전혀 모르는 사람과도 대화와 오락을 즐긴다. 집에 가만히 앉아서 금융 결재를 하고 물건을 사고팔기도 한다. 심지어는 사이버 세계를 이용하여 스스로 환상의 나래를 펴 볼 수도 있다.

숨 가쁜 사회 문화의 변화는 필연적으로 우리의 언어 환경

마저 크게 바꾸어 놓았다. 부팅(booting), 해킹(hacking), 채팅(chatting)등의 컴퓨터용어를 비롯한 많은 전문용어는 물론, 일상생활 용어에도 외래어를 마구 쓰는 분위기가 되어 버렸다. 텔레비전에서도 심야 스페셜 투나잇, 스포츠하이라이트, 리얼 토크, 헤딩 헤드라인 뉴스 등의 제목이 버젓이 활개 친다. 어느 프로그램 출연 연기자는 동료에게 오늘 입은 의상의 컨셉이 무어냐고 물어본다. 코드정치라는 말이 유행되다보니 code를 cord로 빗대어 발언한 국회의원도 있었다. 웰빙(well-being)이라는 용어가 삶의 질을 높이는 상징어로 일상화 되었다.

우리글 "한글" 사용에도 심각한 변화가 찾아왔다.

"이번 셤 졸라 어렵다. 미티 미티."(이번 시험 정말 어렵다. 미쳐.) "아, 짱나, 여친과 사워써.ㅜㅜ"(아 짜증나 여자친구와 싸웠어. 엉엉) "안냐셈, 방가방가 추카 추카."(안녕하세요, 반가와요 축하해요.) 이러한 말들은 컴퓨터 대화방에서 쓰는 청소년들의 언어이다.

시대에 뒤지지 않으려고 열심히 컴퓨터를 배워 대화 방에 접속했다가 이렇듯 생경한 낱말들에 당황한 사람들이 어찌한 둘이겠는가. 어른들은 뜻조차 이해하기 어려운 용어들이 점차 확산되어 초등학교 글짓기에서도 쓰인다고 한다.

"한글"은 1446년 조선4대 임금이신 세종대왕께서 훈민정음으로 반포하였다. 세종대왕은 우리나라 역사상 가장 우뚝 선 임금이다. 당시에는 여진족들이 횡행하던 함경도 지역의 국경을 오늘날과 같이 확고히 했고, 대마도를 점령하여 왜구들의 횡포를 잠재웠다. 당대에 앙부일구, 자격루, 혼천의 등의 생활에 필요한 과학기구를 발명토록 하는가 하면 〈농사직설〉이라는 새로운 농업 기술 책을 지어 백성들을 보살폈다. 그중에서도 가장 위대한 업적은 집현전 학자들의 도움으로 직접 만드신 〈훈민정음〉이다.

그전까지만 해도 우리 조상들은 문자가 없었다. 구결, 향찰. 이두라는 방식으로 한자의 일부를 빌려서 쓰거나 한문을 사용해왔다. 그러니 우리 고유의 감정, 흥이나 가락을 그대로 기록 할 수가 없었다. 더구나 오랑캐라고 얕보던 주변의 거란족이나 여진족조차 자체 문자를 사용하던 터이니 자극을 받았으리라 미루어 짐작된다.

나라 말이 중국과 달라 문자가 서로 통하지 아니하니 백성들이 편히 쓰도록 새로 글자를 만든다는 〈훈민정음〉머리글은 오늘날 위정자들이 깊이 새겨 나아갈 지표가 아니겠는가.

한글은 표음문자로서 자음은 발음기관의 모양을 본뜨고 모음은 삼재(하늘, 땅, 사람)의 모양을 본뜬 과학적인 자모문자이며 문자발달사로 보아 최종 단계의 이상적인 문자체계이다. 다만 계속 써오던 한자의 모양과 유사하게 모아쓰기를 함으로써 독특한 맞춤법 문제를 가지고 있다. 표준말을 그 소리대로 적되 어법에 맞도록 함을 원칙으로 정하고 있다. 그런데 이 대원칙이 청소년들 사이에서 무너지고 있는 것이다.

이것 뿐 만이 아니다. 요즈음 청소년들에게 인기 있는 영화나 드라마 장면에서는 이전에는 자제 되어오던 쌍스러운 욕설들이 예사로 나온다. 토론에 참가한 일부 학자나 정치인들은 품위 없이 상대 대담자의 개인적 약점을 서슴없이 공격하고, 정당 대변인조차 적대적인 언어들을 일부러 골라서 사용하여 상대 당을 비난한다. 욕설이나 깽판 논다, 쪽 팔린다와 같은 범속한 언어들을 사용함으로써 욕구불만의 배설행위(catharsis)를 바라는 다중의 본능적 감성을 자극 하거나 동질적 친근감으로 이용하려는 것이다.

말씨는 개인의 품성과 시대상을 나타낸다. 대화를 하다보면 말하는 사람의 교양정도, 인격, 성격을 미루어 짐작할 수 있다. 개인이 처한 환경 뿐 만 아니라 시대의 유행,

고민꺼리 등의 사회적 분위기가 은연중에 배어있다. 그러기에 안정적이고 평화로운 시절 보다 살기 힘든 시기나 격동기에 말이 더 격해지고 음조가 높아진다고 한다. 임진왜란과 병자호란을 겪은 후 우리말은 된소리와 격한 소리가 많아졌다. 전쟁의 비참한 참상을 겪어 황폐화된 생활이 반영된 현상일 것이다.

우리는 좁아진 세계의 울타리 안에서 지역, 세대, 사상 갈등으로 고민하고 있다. 이런 와중에 언어도 정치, 경제, 사회의 변천에 따라 달라지는 현상은 당연하다.

언어문화를 발전시켜야할 방송언론인, 정치인, 학자들이 아무런 고민 없이 외래어를 마구 쓴다면 어렵사리 조상들이 이루어낸 한글시대가 머물 곳은 어디인가. 청소년 세대들은 내일의 주인공일 뿐이지 오늘의 현실을 책임지지 않는다. 기성세대들이 자기들의 이해관계 때문에 무조건 젊은이들의 언어 취향에 동조하거나 방치 한다면 비참한 결과가 나올지도 모른다.

언어는 세월에 따라 변한다. 그러므로 더욱 아끼고 발전시켜야 한다. 지금야말로 우리의 말과 글이 바로 이루어져야 할 때가 아니겠는가. 요즈음 한창 높아지고 있는 민족의식 확립의 가장 확실한 방법이요 세계 속의 한국으로 자리 잡는 버팀목이기 때문이다. "우리의 자유는 공원의 꽃을 꺾는 자유가 아니요 공원에 꽃을 가꾸는 자유다."라는 김구 선생의 말씀을 되새기며, 한글이 세계에서 어휘가 가장 많은 아름다운 언어로 가꾸어지기를 간절히 소망한다.

아스퍼거와 배려

아스퍼거 신드롬(asperger syndrome)을 주제로 한 소설을 읽었다.

아스퍼거는 상대방 또는 주변 사람들의 입장을 생각하지 못하고 자기의 뜻대로만 행동하며 사회적 상호작용에 어려움을 겪는 사람이다. 자기 행위에 따른 타인의 피해를 알면서도 모른 척 하거나 묵살하는 이기주의자와는 다르다. 오스트리아의 소아과 의사인 〈한스 아스퍼거〉에 의하여 연구 정리된 일종의 정신병이다.

복잡하고 독단적으로 흐르는 현대사회의 불안정 때문에 이런 병인(病因) 이 늘어가고 많은 사람이 어처구니없는 일을 당하는 현상은 문명의 이율배반적인 단면일 것이다.

설날이 조금 지나 아직도 찬바람이 가슴 속을 파고드는 날이다. 서울 근교에 있는 음식점에서 지인들과 점심을 함께하며 정담을 나눴다. 맛도 좋고 음식 값이 싼 곳이라는 말에 더욱 기분 좋게 식사를 끝내고 나와 보니 내 구두가 보이지 않는다. 늦은 점심 시각이라 신발도 십여 켤레 밖에 없어서 몇 번을 둘러보았는데도 안 보였다. 일행은 이미 대기하고 있는 택시 안에서 내가 나오기만 기다리고 있는 상황이다. 어쩔 수 없어 종업원에게 항의하고는 내 구두와 바뀐 것 같은 다른 구두를 신고 그곳을 떠날 수밖에 없었다.

기분이 찜찜했다. 새해 초에 구두가 바뀌었다는 사실이 여간 신경 쓰이는 것이 아니다. 예전에 신발을 잃어버린 후에 안 좋은 일이 있었던 기억이 떠오른다. 그러고 보니 식사비를 내가 낼 자리였는데 다른 사람이 지불한 것도 마음에 걸렸다. 액땜으로 여기라는 동행의 말에 겨우 기분을 돌리며 택시에서 내려 지하철역으로 가고 있을 때 음식점에서 전화 연락이 왔다. 신발을 찾았으니 와달란다. 반갑기도 하고 불쾌하기도 하여 단단히 벼르면서 다시 발걸음을 돌렸다.

그런데 아뿔싸!

음식점 현관에 어떤 중년 신사가 노기를 띠고 서 있다가

대뜸 소리를 지르는 것이 아닌가. “당신, 왜 남의 구두를 신고 갔소. 당신 때문에 얼마나 기다리고 있는지 아시오, 사과 하시오.”

무언가 잘못돼도 한참 잘못된 것이다. 단단히 분풀이를 하려던 나는 우선 그 사람의 화를 달래며 나의 바보 같은 행동에 대하여 사과 할 수밖에 없었다. 일행이 조급하게 기다리는 바람에 내 구두 대신 다른 사람의 구두를 무심코 신고 간 어처구니없는 실수를 저질렀고, 아무도 이런 실수에 대하여 말해준 사람이 없는 바람에 큰 망신을 당한 거였다. 양해를 구했던 종업원은 나타나지도 않는다.

더욱더 기가 막히는 것은 음식점 주인의 태도였다. 신발장에서 내 구두를 꺼내면서 “손님이 착각으로 여기 있던 신발을 찾지 못 했고 간혹 그런 분들이 있다.” 며 덤터기를 씌우는 것이다. 하느님이 벼락이라도 내려 주기를 바라는 심정이었지만 아무런 증거도 없으니 속수무책이었다. 누구인가 나중에 내 구두를 가져다 놓은 것이 분명한데 이를 어떻게 증명 할 것인가. 역시 대기하고 있는 택시 기사의 재촉에 변변히 항의조차 못하고 물러나면서도 영 억울한 심정을 가시기가 어려웠다.

아스퍼거는 특별한 장애가 아닌 치료 대상일 뿐으로 이들의 행동 때문에 사회문제가 되는 피해와 부작용은 드문 것 같다. 오늘날에는 오히려 정상적인 사람들에 의하여 저질러지는 아스퍼거적 행위가 우리를 불쾌하게 하고 때로는 시빗거리를 만들기도 한다. 지하철 내에서 큰소리로 떠드는 승객, 담배연기를 상대방 앞으로 품어내는 사람, 약속을 어기고도 말 한마디 없이 태연한 친구 등이야말로 타인에 대한 배려에 익숙하지 못한 일종의 아스퍼거가 아닌가. 돌이켜보면 내가 다른 사람의 구두를 신고 간 행위도 순간적으로 상대방을 인식하지 못한 바로 아스퍼거 짓인 것이다. 내 신발을 신고 간 사람만 탓하며 사려 깊지 못한 행동을 한 것이다. 긴장이 풀어진 나의 모습에 놀라 옷깃을 다시 여미는 계기가 되었다.

산타크로스, 거짓말 안하는 정치인, 양심적인 변호사는 실제로 이 세상에 존재하지 않는다는 우스갯소리가 가슴에 와 닿는다. 사회 지도층의 도덕성과 배려정신의 결핍을 얼마나 잘 꼬집은 말인가! 이 말을 다른 나라에만 적용되는 풍자로 웃어넘길 수 있다면 우리는 참으로 행복할 것이다.

개인의 개성과 권리가 중요할수록 늘 다른 사람을 배려

하는 마음에 익숙해져야 선진 사회이다.

바바 하리다스의 잠언을 새삼 음미 해본다.

앞을 못 보는 사람이 밤에 물동이를 머리에 이고, 한 손에는 등불을 들고 길을 걸었다. 그와 마주친 사람이 물었다. "정말 어리석군요. 앞을 보지 못하면서 등불은 왜 들고 다니십니까?" 그가 말했다. "당신이 나와 부딪치지 않게 하려고요. 이 등불은 나를 위한 것이 아닌 당신을 위한 것입니다."

참된 아름다움

어느 개그우먼이 성형외과 의사를 고발하여 재판을 받는다는 기사가 신문에 실렸다. 뚱뚱한 몸으로 텔레비전 화면을 통하여 시청자들에게 웃음을 선사하던 인기 연예인이었다.

한동안 화면에 안 보이는가 싶더니 어느 날 제법 홀쭉해진 모습으로 나타나서 그 동안 살을 뺀 과정을 자랑하는 것이었다. 마치 무용담처럼 말하는 그녀의 얼굴은 승리자만이 느낄 수 있는 만족감과 자신감이 배어있었다.

며칠 후 한 성형외과 의사가 자기 병원에서 지방흡입수술을 하였다고 폭로하기 전까지는 음식조절과 운동요법만으로 살을 뺀 성공사례라고 믿었다. 그러던 것이 당사자 간에 어떤 이해관계가 상충되었는지 결국 소송사태까지 이르게 된 것이다.

예쁘고 아름다운 것을 보는 것은 그 자체로 즐거움이요 기쁨이다.

기암괴석과 희귀목과 맑은 개울물이 어우러진 설악산의 풍광을 보며 오묘한 자연의 조화에 감탄한다. 들녘에 핀 풀꽃에조차 마음을 빼앗기기도 한다.

모든 생명체는 본능적으로 아름다워지려고 한다. 종족번식과 스스로의 생존을 위해서 아름답게 진화해 나가는 것이다.

만물의 영장인 사람의 경우도 예외일 수는 없다. 특히 여성의 미(美)와 연관된 일화는 동서고금을 막론하고 수없이 많다. 당 태종을 현혹시켜 정사(政事)를 그르치게 한 중국 미인의 대명사 양귀비, 코가 1센티만 높았어도 역사가 변했을 것이라는 클레오파트라, 십년 수도를 하던 지족선사를 파계시킨 송도삼절 황진이의 사랑 편력 등.

역사는 여성들의 미모 때문에 행불행으로 점철되어 왔음을 여실히 보여주고 있다.

며칠 전 모처럼만에 만난 죽마고우로부터 뜻밖의 고백을 들었다. 술이 몇 잔 들어가자 그 친구는 자기 딸이 폭식증으로 병원에 입원했다며 한숨을 짓는 것이었다. 어릴 때부터 영특하다고 소문이 났던 그 아이는 지금 서울의 명문대학에 재학 중이다. 항상 명랑해 보이던 그 아이가 폭식증으로 입원을 했다니 도무지 믿겨지지 않았다.

친구의 딸은 얼굴이 예쁘고 공부를 잘 했다. 다만 키가 작은데다가 몸매가 약간 통통한 편이었다. 대학에 들어간 후부터 그 딸은 음식을 거의 입에 대지 않으면서 다이어트를 시작했다. 그러나 냉수만 먹어도 살이 찌는 특이 체질인지 몇 개월을 노력해도 별다른 효과를 보지 못했다.

학교 친구들하고도 어울리기를 싫어하게 되었고 외출도 기피하는 가운데 거의 자포자기 상태가 되어갔다. 급기야 그 동안 참고 참았던 식욕을 억제하지 못하여 폭식을 하게 되고, 음식을 먹은 후에는 살찐다는 두려움 때문에 다시 토해버리는 일을 반복하게 되었다.

스스로 음식을 절제할 수 없는 정신병으로까지 발전하게 된 그녀는 엄마에게 사실을 실토하고 스스로 병원에 입원하여 치료받을 것을 원했다는 것이다.

오늘의 젊은 세대들은 발달된 의술의 힘을 빌려 용모를 마음대로 뜯어고치고 그러한 사실을 스스럼없이 토로한다. 아무리 능력이 뛰어나더라도 미모가 우선되어야 각광을 받기 때문이다. 젊은 여성의 취직에도 가장 중요한 변수는 용모이며, 심지어 남자 대학생들도 취직을 위해 성형수술을 하는 경우가 많다고 한다.

텔레비전에 나오는 젊은 여자 연예인중 얼굴이 너무나 비슷해서 분간 할 수가 없는 경우가 많다. 개성을 무시한 성형수술 때문이다. 얼굴이 못나거나 몸이 뚱뚱하면 그 사람 자체가 게으르거나 모자라는 사람으로 취급하는 세태가 되었다. "성격이 못된 것은 용서해도 얼굴 못 생긴 것은 용서 할 수 없다"라는 우스갯소리까지 풍미하는 세상이 되어버렸으니 말이다.

인기 코미디 여성의 살 빼기 소동이나 여대생의 폭식증은 어쩌면 우리 사회가 잉태한 필연적 현상이 아닐까.

외모를 아름답게 가꾸려는 노력이 지나쳐 스스로를 무너뜨리는 저들의 절규! 이것은 가식과 겉치레로 줄달음치는 우리사회의 고질적인 병폐를 고발하는 일종의 파열음이라 해도 좋을 것이다.

우리의 선조는 예로부터 체면과 지조를 목숨보다 중요하게 여겨왔다. 개인의 이익 따위를 위하여 비굴하지 않았으며, 올바른 일에는 결코 그 뜻을 굽히지 않았다. 그것은 외면치레 부귀영화보다는 내면의 멋인 덕과 인격을 더욱 소중히 여기는 것을 삶의 근본으로 삼아왔기 때문이다.

조선시대의 대학자 이율곡의 어머니인 신사임당은 뛰어난 화가인 동시에 현숙한 아내였고, 칠 남매를 키운 어진 어머니로서 지금까지도 우리나라 여성의 귀감이 되고 있다.

용모의 꾸밈이 어찌 마음으로부터 우러나는 지성과 인격의 향기에 비견될 것인가.

친구의 딸이 하루속히 제 자리에 돌아와 스스로의 능력을 계발하고 학업에 열중했으면 좋겠다. 비온 뒤의 땅이 더 굳어지듯 고난을 이겨낸 내면의 멋으로 충만한 아름다운 여성이 되기를 소망한다.

욕망의 폭식증이 범람하고 있는 우리사회에 절제와 화합과 신뢰의 물줄기가 옹달샘처럼 솟아 넘쳐지기를 빌어본다.

남사당의 숨결

얼씨구! 추임새가 절로 나온다.

꽹과리, 징, 북, 장구의 화음이 용의 구름을 타고 선녀들이 노니는 듯 감미롭다. 남녀노소 손뼉을 치며 장단을 맞춘다. 흥에 겨운 그들의 얼굴에 옥빛 가을 하늘이 감아 돈다.

잠실 석촌호수 한 모퉁이에 자리 잡은 서울 놀이마당은 우리 전통예술 공연의 산실이다. 매주 토, 일요일 오후에는 어김없이 정겨운 풍악이 울린다. 송파 산대놀이며 탈춤, 사물놀이, 농악을 비롯하여 전통과 접목한 창작 음악 및 무용 등 볼거리가 다양하다.

남사당패의 '어름'(줄타기)이 절정이다. 줄꾼과 매호씨(어릿광대)가 주고받는 재담에 관객들의 웃음꽃이 만발한다. 일부러 줄에서 떨어질듯 위태롭게 행동하던 줄꾼이 절묘한 기술을 선보여 많은 박수소리와 환호성이 터진다. 관중석에서 어린 소년이 아버지의 무동을 타고 나와 고사리 손으로 만 원짜리 한 장을 줄꾼에게 건넨다. 이에 질세라 여기저기서 달려 나온다. 어린이, 백발의 할아버지, 서양인도 있다. 매호씨가 익살스러운 표정으로 답례하여 더욱 웃음을 자아낸다.

'덧뵈기'(탈놀음)에 이어 '버나'(대접 돌리기)를 보여준다. 40센티미터의 막대기 끝부분으로 거의 5미터 정도의 높이로 던진 상대방 대접을 번갈아 받아 돌리는 신기에 온 마당이 떠나갈듯 감탄의 함성!

잘하면 살판이요 못하면 죽을 판이라 '살판'이라 불리는 땅재주에서는 서투른 솜씨로 땅을 구르며 정작 재주꾼을 약 올리는 어릿광대의 넉살이 즐겁다.

'꽃 무동놀이'와 '열두발 상모'의 현란한 긴 채상 돌리기를 끝으로 풍물을 치며 퇴장하는 남사당 놀이패.

본래 남사당놀이는 농어촌마을 주변의 널찍한 뜰에서 여섯 마당으로 펼쳐졌다. 남자들로 구성된 유랑 예인들이 행하던 한국 전통 민속공연이다.

마을의 안녕과 풍년을 축원하고, '덜미'(꼭두각시놀음)나 '덧뵈기'를 통하여 남성중심 사회에서 억압받는 여성들과 하층민의 삶을 놀이로 보여 준다. 양반계급의 모순을 조롱하고 현실을 풍자하여 문제점을 제기 하면서 민초들의 순박한 삶속에 평등과 자유의 꿈을 심어주며 소망을 대변한다.

마당놀이의 관객들은 단순한 구경꾼이 아니다. 놀이에 참여하여 호흡을 같이 하고 흥을 돋우는 역할을 한다. 오페라나 현대 연극과는 달리 공연자와 관객이 화답하며 함께 연출하는 놀이라서 더욱 신명 나는 것이다.

남사당놀이패의 절실한 삶의 흔적은 훌륭한 문화유산으로 승화되어 오늘날 '강강술래' '처용무'와 함께 유네스코 세계무형문화유산에 등재되었다.

광대 백정보다 천시 받는 유랑집단이던 이들은 남의 집 헛간이나 절간에서 잠을 자며 지난한 삶을 이어가면서도 불쌍하고 힘없는 이웃들과 소통하며 애환을 삭였다.

매일 매일 넘어야 할 첩첩산중의 고통은 보람이며 희망이었기에 그저 더 낳은 생활을 위하여 기술을 연마하고 소질을 캐내어 전통문화를 발전시켰다.

엄격한 규율로 예능인으로서의 긍지를 지켰다.

타악기의 강한 울음소리, 장단의 변화무쌍한 다양성, 거기에 맞게 둥글게 감아가며 몸과 마음이 어우러지는 남사당놀이의 기본은 우리의 혼이다. 둥글음은 부드러움과 포용이고 감아간다는 것은 용솟음이요 힘이다.

남사당놀이의 생생한 숨결로 온몸을 적시며 바람결 따라 뿔뿔이 흩어지는 관중들의 얼굴에는 하나같이 뿌듯한 감동과 미소가 머물러 있다.

레미제라블(불쌍한 사람들)

계사년 뱀띠 해가 밝았다. 뱀은 징그러운 동물이지만 꿈에 보이면 재물이 들어오거나 임신을 한다는 풍요와 다산을 의미하기도 한다.

새해 벽두부터 '불쌍한 사람들'(레미제라블)이 화제다. 피겨의 여왕 김연아가 '레미제라블'에 실린 'one day more'를 프리스케이팅 곡으로 선정, 환상적인 무대를 선보였다. 뮤지컬공연과 영화도 거의 동시에 막을 올리며 많은 이야기 거리를 만들고 있다.

지금 상영되는 영화는 세계 4대 뮤지컬이라 불리는 '뮤지컬 레미제라블'을 최초로 영화한 작품이라 한다.

프랑스 대혁명 이후에도 민중의 비참한 고통이 계속되는 19세기 초반을 시대적 배경으로 영화는 전개된다.

주인공 장발장의 파란만장한 인생에 대한 안타까움, 미리엘 신부의 깊은 사랑이 깃든 용서, 그 구원의 손길에서 얻어지는 진정한 희생과 봉사의 파노라마가 마른 땅에 내리는 이슬비처럼 촉촉이 젖어 든다.

영화의 장점은 생생한 현실로의 몰입이다. 소설이 상상력과 사유로 그 울림을 내면에 침투시킨다면 화면으로 느끼는 생동감은 생생하게 피부에 닿아 감각 기능을 울린다. 뮤지컬 영화여서 더욱 진하게 감정 이입이 된다.

배신당한 사랑의 씨앗인 딸 코제트를 부양하기 위하여 결국 창녀가 되는 판틴의 운명이 너무 애처로웠고, 그녀가 부르는 'I dreamed a dream'의 애절함에는 눈시울을 붉혔다. 실패한 6월 혁명의 젊은 대열이 '민중의 노래가 들리는가?/ 우리가 죽고 나면 민중들이 일어 날 것이다/ 내일이 오면 새 삶이 시작 되리라/ 내일은 오리라'며 처절하게 합창을 할 때는 숙연해지며 우리나라 4. 19 학생혁명 당시의 암울한 시대를 떠올렸다.

장발장이 임종할 때 까지도 미리엘 신부에게서 받은 은촛대를 손에서 놓지 않는 장면은 구원받은 영혼의 상징으로 두고두고 여운이 남는다.

영화 '레미제라블'을 이념적으로 해석하는 글들이 인터넷에 떠돈다.

영화의 주제로 젊은이들이 바리케이트를 치고 권력과 대항하며 싸우는 것을 부각 시키며, 혁명의 노래를 따라 부르며 주먹을 불끈 쥐었다고 감성에 호소한다. 장발장이 억울한 누명을 쓴 한사람을 위하여 수백 명의 여공 일자리와 시장 직을 포기하고 자신의 정체를 밝히는 행동이야말로 무엇보다도 인도주의적이고 정당하다고 찬미하며 위정자들을 비난한다.

'레미제라블'은 프랑스작가 빅토르 위고가 무려 삼십 년 간의 구상 끝에 완성하여 1862년 간행된 소설이다. 우리나라에서도 1910년 최남선이 잡지 '소년'에 소개할 만큼 널리 읽힌 서사시적 작품이다. 원작의 인기에 힘입은 뮤지컬 레미제라블도 전 세계 42개국 308개 도시에서 공연되었으며 70개 이상의 주요 뮤지컬 상을 석권 했고 한국에서도 성황리에 초연공연이 계속되었다.

원작 소설이 불휴의 고전으로 읽히며, 이 영화가 단시일에 오백만 관람객을 돌파할 만큼 인기를 끄는 이유는 사랑과 용서, 희생, 봉사가 주는 인간적인 감동일 것이다. 법의 이름으로 빈민을 억제하는 자베르 경감이나 지치지 않는 악당 테나르디에 마저도 불쌍한 사람이며, 누구나 구원을 받을 수 있다는 메시지가 눈물겹도록 아름다운 것이다.

뱀해는 국제적으로도 베를린 장벽 붕괴, 천안문 사건, 911 테러 등 시대의 변화를 이루는 큰 사건이 많았다. 세계적인 경제 불안 속에서 우리나라의 앞날도 예측이 어렵다고 걱정하는 사람들이 많다.

빅토르 위고라면 지금 우리의 시대상을 어떻게 그려낼까? 과분하여 스스로 행복을 내쫓으려는 '레 미제라블'이라고 하지는 않을는지.

뱀처럼 냉철한 이성으로 우리 모두 쓸모없는 이념의 늪에서 벗어나 밝은 내일을 위한 설계에 합심하기를 기대한다. 사랑과 희생으로 위대하게 부활한 장발장이 활보하는 거리를 만들 수 있기를 바란다. 그동안 두 차례나 실패했던 나로호 인공위성 발사가 성공하여 온 국민을 기쁘게 한다.

토끼이야기

옛 사람들은 밤하늘의 달을 보며 계수나무 아래서 불로장생의 약방아를 찧고 있는 토끼를 그렸다. 인간이 달을 탐사하여 신비가 벗겨진지 수 십 년이 지났건만 아직도 마음속에는 아무 근심 없이 살고 싶은 이상세계의 그림으로 간직되고 있는 모습이다. 토끼는 연약하지만 봄이 되면 새로운 길을 개척하여 자기를 방어하는 치밀하고 명석한 동물이다. 용궁에서도 살아오고 호랑이 앞에서도 당당하다.

예로부터 토끼는 달과 여인의 정령이며 장수와 지혜를 상징하는 친숙한 동물이다.

'토끼전(별주부전)'에서 토끼는 별주부에 속아 끌려간 용궁에서 간을 빼내야 될 위기를 기지(機智)로 탈출하여 생명을 건지는, 당시 봉건통치사회의 어리석음을 풍자하는 주인공으로 등장한다.

민담이나 동화에서는 호랑이에게 잡혀 먹히게 된 토끼가 기지를 발휘하여 호랑이가 오히려 겁먹고 도망치도록 하는 담대한 모습을 그렸다. 또 덫에 빠진 것을 구해준 나무꾼을 잡아먹으려한 호랑이를 다시 덫에 빠뜨리는 영특함을 보여준다. 엄동설한에 호랑이꼬리를 물속에 담가 낚시질을 하도록 유인하는 등 최강자에 위축되지 않는다.

나에게는 토끼에 대한 특별한 기억이 별로 없다. 굳이 끄집어낸다면 어릴 적에 기르던 추억이다. 선친께서 판자와 철사로 얼기설기 만든 토끼집이 처마 밑에 놓여 있었고 그때까지만 해도 앞뜰에 지천으로 널린 토끼풀을 뜯어서 넣어주면 오물오물 먹는 모양이 무척 귀여웠다. 어쩌다 마당에 풀어주어도 제풀에 놀라 움츠리는 겁쟁이였다. 언제 어떻게 없어졌는지 조차 생각이 안 나지만 내 생에 첫 번째 토끼와의 인연이었다.

또 하나는 토끼띠 소녀와의 사귐이었다. 무척이나 나를 따랐고 함께 거닐고 싶어 했으며 아플 때는 약까지 챙겨줄 정도로 섬세한, 눈이 토끼처럼 크고 동그란 여자였다. 지금

뒤돌아보면 처녀 총각의 순백한 로맨스가 아니었나 싶어 어디에서 어떻게 살고 있는지 궁금하기도 하다.

살다보면 가슴앓이로 밤을 세는 날이 있다. 왜 그랬을까? 하며 지나간 판단이나 행동을 후회하는 경우도 많다. 뜻대로 되지 않아 안타까워하며 남을 원망하기도 한다. 큰 사연보다는 오히려 작은 허물이 평생을 따라다니며 마음을 아프게 하는 경우도 있다.

몇 년 전부터 소중한 친구와의 사이가 사소한 섭섭함 때문에 서먹서먹한 상태로 지내게 된 일이 체한 것처럼 늘 가슴언저리를 누른다. 세월이 흐를수록 부담의 무게가 더 느껴지니 찜찜하기 짝이 없다. 먼저 다가가 볼까 생각도 해보지만 하찮은 존재로 느껴지고 있을지도 모른다는 괴리감에 그만 망설이고 만다.

다정도 병이라는 말처럼 깊은 정을 주었다가 상대적으로 실망하며 괴로워하는 경우가 종종 있어왔다. 사랑은 주고받는 것이 아니라 일방적으로 주는 것이라고 하지만 쉽게 체득되기 어려운 숙제로 보인다.

교토삼굴(狡兔三窟)이라는 격언처럼 마음을 두 갈래 세 갈래로 나누어 퇴로를 만들어 놓아야 할 것 같다.

사랑하되 마음의 일부분만 쪼개서 정을 주고 사랑한다면 큰 상처를 입지는 않을 것 아닌가! 인간관계에서 적당한 거리를 유지할 수 있는 방법을 터득 할 수 있으면 진실이나 원칙 때문에 서로의 마음을 헤치는 것보다 더 나을 수 있다는 생각이 든다.

백세 시대가 도래됐다. 실제로 주변을 둘러보면 팔구십대에도 정정하게 활동하는 분들이 많다. 과거의 타성에 젖어 나이 좀 먹었다고 게으름피기에는 너무나 많은 시간이 남아있다. 지공선사 (지하철공짜 65세 이상)들도 앞으로의 삶에 대하여 진지하게 고민을 하여야 할 시대가 온 것이다.

괴테의 말처럼 시작 그자체가 힘이며 마력이다. 미래를 바꾸는 유일한 방법은 현재를 변화시키는 것이다.

개개인에 따라 다양한 무대를 펼치겠지만 아무래도 노년의 활동은 젊은이의 패기나 힘에는 미치지 못할 것이다. 그렇기에 약하지만 선하고 지혜로운 토끼의 상징을 앞으로의 지표로 삼아야겠다. 명석하게 앞으로의 여정을 설계하고 싶다. 거북이와의 경주에서처럼 낮잠 자는 토끼가 아닌 영특한 토끼 같은 삶을.

둥지를 잃은 새

페트병을 들고 한발 디디려는 순간 무언가 눈앞을 스치듯 지나간다. 주춤하는 사이 또 다시 얼굴에 돌진하듯 날아온다. 엉겁결에 두어 걸음 물러나 바라보니 새다. 참새 만한데 노랑 날개에 꽁지가 긴 아주 예쁜 새다. 자세히 보니 울타리 위에 한 마리가 더 앉아 있다.

이름도 모르는 멋진 새 한 쌍이 둥지를 틀었나보다. 처마 아래서 어린 제비 새끼들이 짹짹거리던 기억이 문득 떠오른다. 내가 어릴 때는 서울에서도 제비집을 흔히 볼 수 있었다. 생명의 탄생은 언제나 경이롭다. 미래의 희망을 약속받은 듯 헤픈 웃음마저 짓게 만든다. 이 새도 번식을 하려 이곳을 택했겠지.

광교산 시루봉에 올라 땀을 식히며 세상을 내려다본다. 롯데 고층 빌딩이 인어처럼 미끈한 자태를 뽐내며 멀리 떨쳐있다. 내 집은 어디 있지?. 저쪽은 아주대학이고 성복동, 신봉동은 여기고. 네 집은 이쪽이야. 친구는 뱀처럼 허리를 꼬며 내려가는 산줄기의 까마득한 끝자락을 가리킨다. 정상을 벗어나 전망 좋은 널찍 바위에 다리를 뻗고 도시락을 펼친다. 막걸리에 모든 시름을 넘기며 불콰해진 얼굴로 목소리를 높인다. "친구야. 강남에 살다가 우리가 왜 경기도로 왔지, 별로 잘못한 것도 없는 것 같은데 말이야." "쓸데없는 소리 말고 술이나 들어, 덕분에 이렇게 좋은 공기 마시며 살고 있는데 무슨 불만이야. 여기서 이렇게 놀다가 내려가면 신선놀음이지." "그래, 너도 나도 신선이다."

배낭을 베개 삼아 하늘을 본다. 뭉게구름 하나 없는 푸른 하늘을 가르며 비행기가 뜬금없이 파열음을 일으킨다.

며칠째 노랑새가 안 보인다. 조심스러워 근처에 얼씬거리지도 않았는데 새가 날아갔다. 알이나 새끼를 보호하려는 행동을 보였던 어미가 떠나간 것이다. 자세히 살피니 도시가스 계량기 함에 둥지가 보인다.

섬세한 세공의 솜씨로 부드러운 깃털을 치밀하게 깔아놓

은 둥지에는 아무런 흔적도 남아있지 않았다.

애당초 산새가 깃을 내리기 어려운 곳이다. 검침을 하고 평소 뚜껑을 닫아두는 곳에 어떻게 집을 지었는지. 애써 지은 둥지를 떠난 이유는 또 무엇이었을까. 바로 앞 도로변에는 차와 사람의 왕래가 잦고 계량기 함 밑에 재활용 쓰레기통이 설치되어 있다. 무심코 울린 차의 경적소리나 지나다니는 사람의 기침 소리가 거슬렸는지 모른다. 한 밤중 취객의 고함 소리에 놀랐거나 아침마다 울려 퍼지는 까마귀 울음소리에 위협을 느꼈을 수도 있겠다.

건강보험 제도가 생긴 지 얼마 안 되었을 때다. 직원 한 명이 건강보험증을 빌려 준 혐의로 보험공단에서 조사 나왔다.

회사 관리자로 있던 나는 법대로 처리하라고 당연하게 말했다. 나중에 알아보니 빌려 쓴 사람은 직원의 친척으로 보험가입도 하지 못한 가난한 사람이었다.

민원을 잘 처리해달라며 꼬깃꼬깃 접은 돈을 슬며시 내미는 아주머니에게 화를 낸 적도 있다. 거친 손결 속에 숨어있는 정성을 미소로 받아드리지 못 했다.

별 생각 없이 차버린 돌멩이에 개구리가 다치듯 원칙도

때로는 독이 될 수 있음을 살아가면서 깨닫는다. 법을 빙자한 행위에서 얼마나 많은 분노와 허무가 밤안개처럼 번질 수 있는지 체험으로 안다.

둥지를 잃는 건 인기척에 놀란 새만이 아니다. 냉혹한 생활전선에서, 법과 원칙이라는 미명하에 많은 사람들이 둥지를 잃고 있다.

지금은 제4차 산업혁명 시대다. 인공지능, 사물인터넷, 빅데이터, 모바일 등 첨단 정보 통신이 생활에 융합되어 혁신적인 변화가 나타나는 시대로 접어들었다. 보다 빠르고 편리한 글로벌화 된 초 효율성시대에는 인공지능 메커니즘에 침식되어 인간끼리의 소통은 점점 줄어들 것이다.

거대한 문명의 구조 속에서 인간성을 상실한다면 우리 모두 보금자리를 잃으며 방황하는 새의 신세처럼 황량해질 것이다.

"당신이 사랑해 주었으면 하는 사람이 당신을 사랑 한다면 성공한 것이다."

위렌 버핏의 말처럼 사랑과 믿음이 먼저인 세상이어야 한다. 아날로그시대의 희생, 배려, 아량이 절실히 자리매김 되는 미래를 바란다.

느림의 미학

세상 돌아가는 속도가 너무 빠르다. 모든 정보는 시간을 다투며 전파되고 몇 달 만에 기능 개량된 신제품들이 출시된다. 십년이면 강산이 변한다는 속담이 무색한 이 시대에 아날로그 식 느림을 생각해 본다.

등산에 자신이 붙으면 걸음이 빨라진다. 앞서 올라가는 사람들을 따돌리며 앞만 보고 걷는다. 자동차 운전도 마찬가지로 초보자로서의 두려움이 사라지기 시작하면 과속을 하게 된다. 앞 차를 추월하려고 요리조리 차선을 바꾸면서 마치 운전의 달인이 된 것 같아 으쓱해진다. 대부분의 운동 경기가 속도 기록 경쟁이고 일상생활에서도 빠른 것을 선호하게 되니 빠름을 좋아하는 것은 인간의 본능인지 모른다.

외국인이 가장 먼저 배우는 한국말이 '빨리빨리'라고 한다. 지난세월 구백회 이상 외침을 견뎌낸 지정학적 · 역사적 경험이 우리의 성격을 더욱 급하고 변화에 쉽게 적응 하도록 길들였을 것이다.

조선시대 아무리 바빠도 뒷짐을 지고 걷는 것을 미덕으로 여기던 유교적 양반 계급 사회에서 탈피한 후, 이토록 빨리 산업화 민주화를 이룬 저력은 아마도 우리의 내면에 잠재된 특성 때문이 아닐까. 우리 스스로도 비하하던 냄비근성은 변화무쌍의 정보 통신시대를 맞아 꽃을 활짝 피우는 장점이 되었다.

그렇다고 빠름이 능사는 아니다. 과속운전은 교통사고의 위험성이 따른다. 주위에 피어 있는 들꽃이나 나뭇잎의 아름다움을 보지 못하고 새소리나 골짜기에서 들려오는 물의 합창소리를 듣는 여유로움을 놓쳐버리는 등산이라면 의미가 없을 것 같다.

'아무리 바빠도 바늘허리에 실을 매랴'하는 속담이 있다. 또 성질 급한 사람에게 우물가에서 숭늉 찾는다며 핀잔한다.

기초와 기본을 충실하게 익히는 과정을 거치지 않으면 그 결과는 지속적인 효과를 거두기 어려움을 깨우치는 속담이다.

몇 년 전에 한일 축구 전에서 한국이 3:0으로 크게 진적이 있었다. 늘 만만한 상대였던 일본은 수십 여 년 전부터 선진기술을 도입하며 고집스럽게 중원 압박 축구 전술을 구사하였다. 그 결과 여러 월드컵대회에서 강호들의 진땀을 흘리게 하였고, 아시아에서는 최선두로 올라섰다. 전문가들은 일본의 꾸준하고 일관되게 발전시킨 기술 축구를 높이 평가 한다.

짧은 시간에 너무 많은 변화가 이루어진다. 일시적 현상인지는 몰라도 부작용이 만만치 않다. 소득주도성장 정책으로 경제를 살리겠다고 하며 최저임금을 대폭 올리고 근로시간을 단축하여 노동자 복지 혜택에 초점을 맞추다보니 청년 실업률이 증가하고 부의 양극화 현상이 심해져 여기저기서 걱정하는 소리가 들린다.

선진국인 유럽 국가들도 재정 위기에 전전긍긍하고 있다. 과잉복지가 원인이라고 진단되었어도 복지를 줄이려는 정책에 반발하는 시위가 격렬하여 개혁이 쉽지 않다. 큰 집에서 살던 사람이 작은 집으로 이사를 간다거나 용돈을 갑자기 줄이는 일이 어디 쉬운 일인가! 무상 혜택을 포기 하기는 더구나 어려울 것이다.

모든 생물은 물론 사회나 경제도 어느 정도 성장이 이루어지면 그 속도가 느려지고 오히려 쇠락하는 경우가 많다. 그럴 때는 천천히 상황을 살피면서 대처해야 한다. 빠른 성취에 미련을 두거나 인기에 집착하면 낭패를 볼 수도 있다. 감성적 기대감이나 무책임한 소신은 스스로를 망친다.

어느 개그맨이 쓴 책이 베스트셀러가 되었다. 그는 체격과 용모 때문에 여러 번 낙방을 당하고 무명의 설움을 곱씹으면서도 끈질긴 노력으로 예능의 달인이라는 칭호를 얻었다. 〈꿈이 있는 거북이는 지치지 않습니다〉라는 책제목처럼 우리 모두 느리지만 끈기 있게 알찬 꿈을 가꾸며 내실을 다져 나갔으면 하는 바람이다.